JN037549

1日1問！ 繰り返して  右脳も左脳も鍛える118問！

地頭が良くなる

幼児のIQドリル

図形 空間
計算 ひらめき
推理 観察など

増補改訂版

追手門学院大学特別顧問
日本スポーツ心理学会会員 **児玉光雄**

はじめに

　この本はあなたのお子さんの運命を変えるかもしれません。

　「鉄は熱いうちに打て!!」という言葉は、あなたのお子さんの脳を徹底的に鍛えることの大切さを表現しています。日本を代表する脳科学者である澤口俊之教授は、「脳の変容は生涯にわたって起こり続けるが、その程度が大きいのは圧倒的に幼児期である。だから、才能を育てたかったら幼児脳教育が勝負となる」と、語っています。

　幼児期から知識を詰め込む日本の教育システムは、確かに物知りの賢い子どもを量産できるかもしれません。しかし、急激な人工知能（AI）の発達により、単に知識に優れているだけの人材は、これからの社会では生き残れなくなるはずです。

　私は、「子どもの脳が最も発達する時期である3歳から6歳までに発想力やひらめき力を鍛えることが不可欠である」と、考えています。言い換えれば、情報の入力ではなく、脳内に存在する情報を基に化学反応を起こして、ひらめく能力を徹底的に鍛えれば、脳は劇的に進化するのです。

　小学校に入ると、ただひたすら知識を詰め込む「やらされる勉強」を強いられるため、本来保有している脳のひらめき力は抑え込まれます。この方式だと、ものを学ぶ際に最も重要である「集中力」が身につかなくなってしまいます。

　一方、与えられた課題を通してひらめくという出力作業を繰り返した場合、脳の活性化が図られ、あなたのお子さんの独創力は高まり、発想力だけでなく、段取り力や直感力が働いて、スイスイと問題を解く能力が鍛えられるのです。

本書の巻末には 20 問の「チャレンジ・テスト」を加えました。有名小学校のお受験問題をアレンジしたものなので、ちょっと難しい内容ですが、大人が解いてもおもしろい問題だと思いますので、余裕のあるお子さんはぜひチャレンジしてみましょう。もちろん、親子で楽しみながら解いてもかまいません。

　1 日 1 問でいいですから、この本に収録されている問題を解く時間をあなたのお子さんに確保してあげてください。そうすれば、あなたのお子さんの脳は驚くほど活性化が促進され、小学校の成績向上に大きく貢献してくれるはずです。

2024 年 4 月

追手門学院大学スポーツ研究センター特別顧問　児玉 光雄

　5〜9歳頃までは「ゴールデンエイジ」と呼ばれ、脳をはじめとする神経回路の発達が急速に進む大切な時期とされています。ですが、実際にはそれより前の**3歳頃**からの「プレ・ゴールデンエイジ」が大事！　ここでの取り組みが、その後の地頭力によりよい影響をもたらすのです！

　この本は、そうした3歳の子どもから取り組めるような、**左脳も右脳も鍛えられるクイズを取りそろえたドリル**です。初級30問、中級30問、上級30問に加えて、チャレンジ問題20問も掲載しており、難易度に分けて取り組むことができます。

　正解できたらお絵描きして、どれくらい進んだか見てわかるページもあるので、**楽しみながら達成感を味わわせてあげてください。**

①制限時間

　このドリルの問題は、難易度順にレベル1・2・3に分かれ、それぞれ問題A・B・Cの各10問で構成されています。各問題の制限時間は5分を目安としてください。

②用意するもの

　この本は、答えを書き込めるようになっています。まず答えを書き込む筆記用具を用意してください。鉛筆を使えば、答えを消して、何度も繰り返し問題に取り組むことができます。また、時間を計るための時計も用意してください。

③答え合わせ

　時間がきたら問題を解くのをやめて、解答を見ながら答え合わせをしましょう。各レベルの最後のページに答えがあります。お子さんと一緒に、答え合わせをしてみてください。

　すぐに答えを見ずに、できるだけ考え、問題を解くことに集中することで、脳の力は高まっていきます。

④ステップアップ

　レベル1の初級問題のAから始まり、問題はだんだん難しくなっていきます。半分くらいしか正解できないレベルになったら、前のレベルの問題に戻って、脳を鍛え直してからチャレンジしてください。

　年齢によっては理解できない問題があるかもしれません。その場合は、楽しそうな問題だけを選んで解いていってもかまいません。

⑤チャレンジ・テスト

　レベル3の上級問題のCまで解き終わったら、「チャレンジ・テスト」に挑戦してみましょう。全部で20問あり、いずれも、国立・私立の有名小学校入試で実際に出題された問題をアレンジしたものです。お受験をする場合は、現在の実力がわかるでしょう。

　各ページの制限時間は5分を目安としてください。

　さあ、それでは「IQドリル」にチャレンジしてみましょう。全部の問題をやり終えたとき、お子さんの地頭は大きくレベルアップしているはずです。

もくじ

カバーデザイン……………………save design

イラスト・本文デザイン……金本 康民

企画・編集…………………………岡田 剛（楓書店）

校正…………………………………ペーパーハウス

れべる・いち

初めてドリルを手にしたお子さんでも
取り組みやすい難易度にしています。
おおよその対象年齢は3〜4歳です。

ドリルの　もんだいが　できたら、そのページの
えを　なぞっていこう！

～ れべる・いち ～

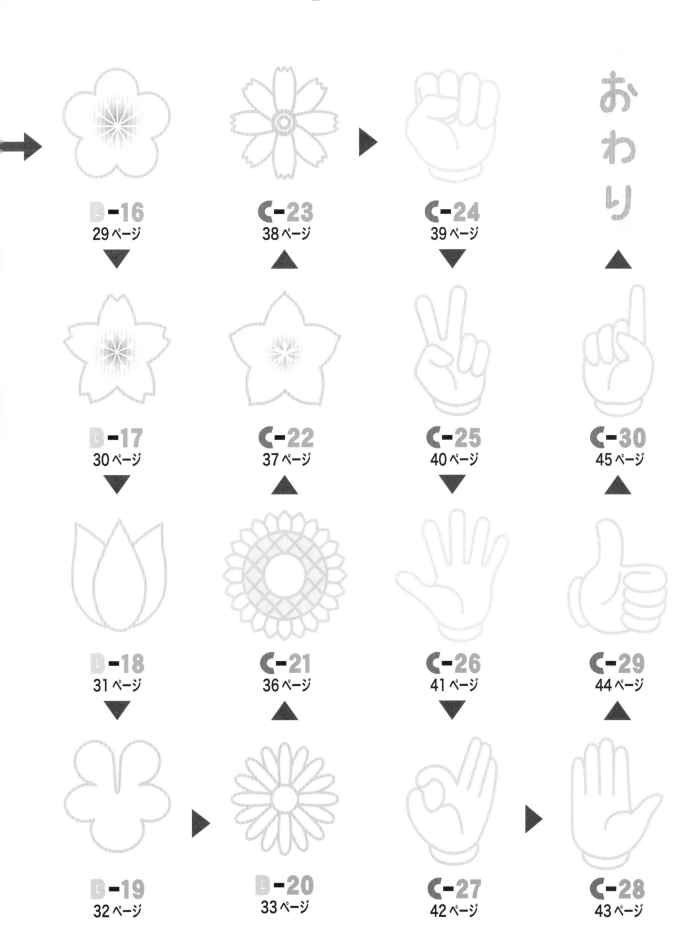

A-1
けいさん

◆ いちばん　かずが　おおい　ものは　どれかな？

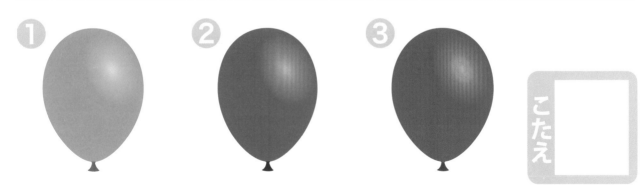

こたえ

🏠 **おうちの方へ**
お子さんと一緒に、ひとつひとつの風船を指さしながら数を数えることで、簡単な数字を教えてあげましょう。［類題出題校：慶應義塾横浜初等部・淑徳小学校など］

◆ みほんの えと かたちが おなじ ものは どれかな？

◆ いちばん せが たかい ひとは だれかな？

① ② ③

こたえ

 おうちの方へ

ものを見て、比べるという力を養うための問題です。もしお子さんが簡単に答えられるようであれば、次に背が高いのは誰かな？　と質問して考える力を養ってあげてください。
[類題出題校：お茶の水女子大学附属小学校など]

ひらめき

1かいめ	2かいめ
が　に つ　ち	が　に つ　ち

こたえが　あっていたら　はなまるを　なぞろう

◆ ひとりだけ　ちがう　ことを　しているのは
だれかな？

①

②

③

④

こたえ

いちばん おおきな くだものは どれかな？

こたえ

🏠 おうちの方へ

A-3（p.14）の問題と同様に、ものを比べるという観察力を養う問題です。果物でもいいですし、野菜やカバンやボールなど、日常生活で使う家の中にあるものを、色々と比べてみるのもいいでしょう。［類題出題校：お茶の水女子大学附属小学校など］

◆ みほんと おなじ くみあわせは どれかな？

みほん

① 　②

③ 　④

こたえ

17

◆ かんけいの　ふかい　ものどうしを　せんで　むすんでね。

A-8

けいさん

◆ いちばん　かずが　おおい　ものは　どれかな？

---

① 　　② 　　③

こたえ

🏠 おうちの方へ

A-1（p.12）と同じ数を数える問題です。こちらは大きさがそれぞれ異なっているので、そういった部分にまどわされないように注意しましょう。数量を問う問題は、多くの小学校入試で出題されています。［類題出題校：サレジアン国際学園目黒星美小学校など］

19

1かいめ		2かいめ	
が	に	が	に
つ	ち	つ	ち

こたえが あっていたら はなまるを なぞろう

◆ ① から はじめて、きせつの じゅんばんに ならべてね。

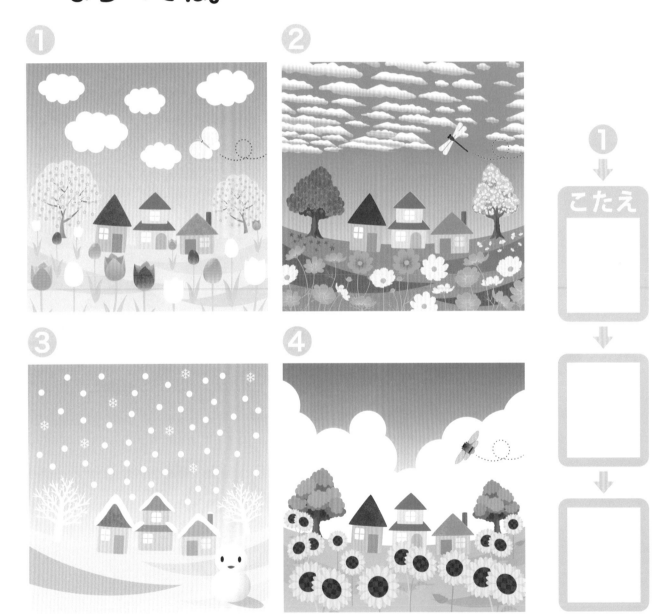

🏠 おうちの方へ

季節の移り変わりというのは日本独特の気候風土です。四季それぞれの情緒を感じ取れるような、感情豊かなお子さんに育っていただきたいという希望を込めた問題です。[類題出題校：サレジアン国際学園目黒星美小学校・昭和学院小学校など]

こたえが あっていたら はなまるを なぞろう

◆ かんけいの ふかい ものどうしを せんで むすんでね。

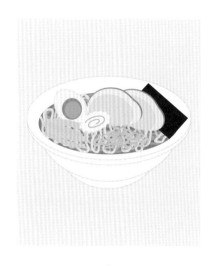

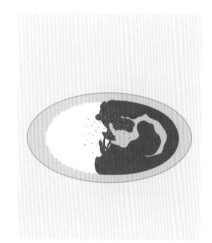

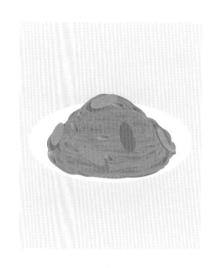

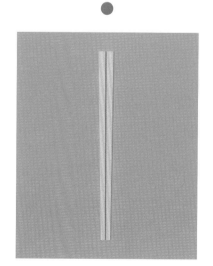

LEVEL 1

こたえ A-1〜10

もんだいぶんをよくよんで、きちんとかんがえてから、こたえましょう。

A-1 ③

みどりのふうせん＝3こ
あおいふうせん＝4こ
あかいふうせん＝5こ
いちばんおおいふうせんは
③です。

A-2 ③

みみのかたちや、ついているばしょ、あたまのおおきさなどにちゅういしてください。

A-3 ②

「せがたかい」とは、あたまのてっぺんから、かかとまでのながさがながいこと。「せいがたかい／せがおおきい」といういいかたをすることもあります。

A-4 ④

①②③の3にんは、みぎてをあげています。④だけひだりてをあげているので、ちがうことをしているのは④だとわかります。ぼうしやくちのかたちにまどわされないようにしましょう。

22

A-5 ❶

スイカ・ミカン・メロンの
おおきさは、ほぼきまって
いて、いちばんおおきいの
はスイカ。ミカンがいちば
んちいさいのがふつうです。

A-6 ❹

あわてずに、よく、みくら
べてからこたえましょう。

A-7 したのえをみてね。

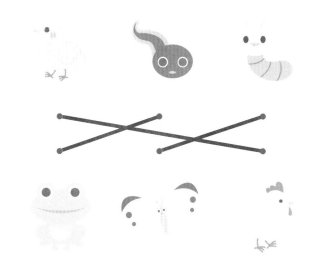

ヒヨコ～ニワトリ
オタマジャクシ～カエル
アオムシ～チョウ
うえとしたのえで、おやこ
になっています。

A-8 ❸

❶テニスボールは４こ
❷サッカーボールは３こ
❸ラグビーボールは５こ

A-9 ❶→❹→❷→❸

１ねんは、きこうによっ
て、はる・なつ・あき・
ふゆの４つにわけられま
す。これが「しき」です。

A-10 したのえをみてね。

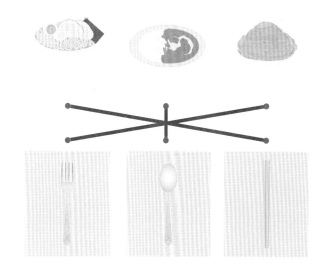

ふつう、ラーメンをたべる
ときはおはしをつかいます。
カレーライスにはスプーン
を、スパゲティにはフォー
クをつかいます。

けいさん

アイスクリームを　たくさん　もらったよ。
いちばん　かずが　おおいのは　どれかな？

① 　② ③

こたえ

🏠 おうちの方へ

対象物をひとつずつ数えるのではなくて、パッと見た瞬間、瞬時に判別できるかどうかが
ポイントです。一目で把握できる数は意外と少ないものですが、脳の成長のピークと言わ
れる4歳頃に右脳をトレーニングすることで、飛躍的に増やすことが可能です。

かんさつ

がつ　にち　がつ　にち

こたえが　あっていたら　はなまるを　なぞろう

◆ 2ひきの　いぬが　ならんで　すわって
いるよ。ちがうところを　4つ　みつけて、
みぎの　いぬの　えに　○を　つけてね。

🏠 おうちの方へ

間違いを見つける能力は、早い段階で発達すると言われており、幼児が大人よりも早く、正確に間違いを見つけることは珍しくありません。印刷ムラや汚れなどにとらわれてしまうことも多いので、適切に指導してあげましょう。［類題出題校：立教女学院小学校など］

すいり

◈ かんけいの　ふかい　ものどうしを　せんで
むすんでね。

🏠 **おうちの方へ**

職業とその職場のアイテムに関する問題も入試の定番です。生活に密着したものなので、
買い物の途中や、テレビの画面に映ったとき、お子さんとの会話に取り入れると、すぐに
なじんでいくでしょう。［類題出題校：同志社小学校など］

ひらめき

● おなじ　くみあわせは　どれと　どれかな？

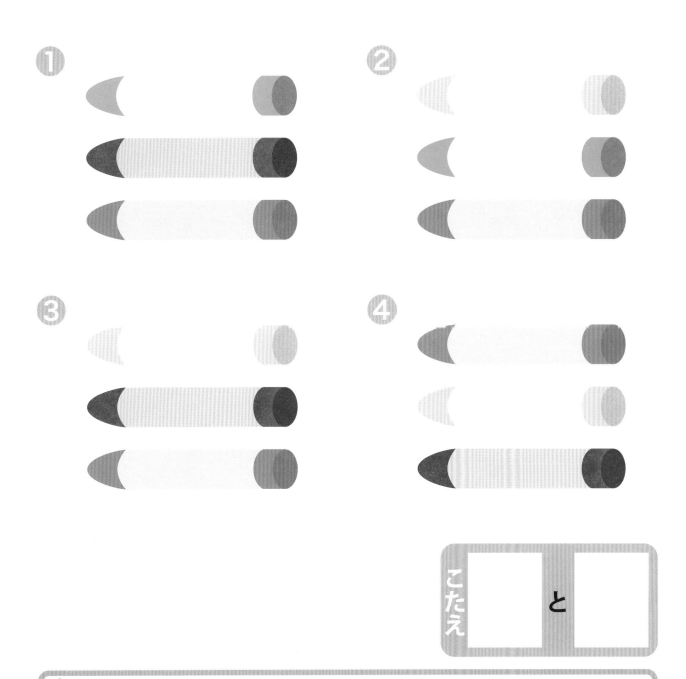

こたえ □ と □

かんさつ

がつ　にち　がつ　にち

こたえが　あっていたら　はなまるを　なぞろう

1とうだけ　ちがう　うしは　どれかな？

① ② ③ ④

こたえ

🏠 **おうちの方へ**

この問題は、お子さんによって、回答速度に差がでます。早いお子さんは一瞬で正答しますが、わからなくてギブアップするケースもあります。時間がかかる場合は、形にとらわれていることが多いので、形以外の要素に誘導してあげるとよいでしょう。

すいり

◆ うえの えと したの えで、おなじ むし
どうしを せんで むすんでね。

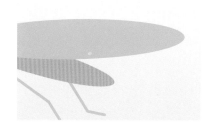  

🏠 **おうちの方へ**

昆虫の種類を知っていれば、もちろん難なく正答できますが、知らなくても、色や形から
容易に判断できるはずです。ついでに、それぞれの昆虫の特徴などについての情報を与え
てあげてもよいでしょう。［類題出題校：成蹊小学校など］

B-17
くうかん

➡から　はいって　➡から　でられるように
せんを　かいてね。

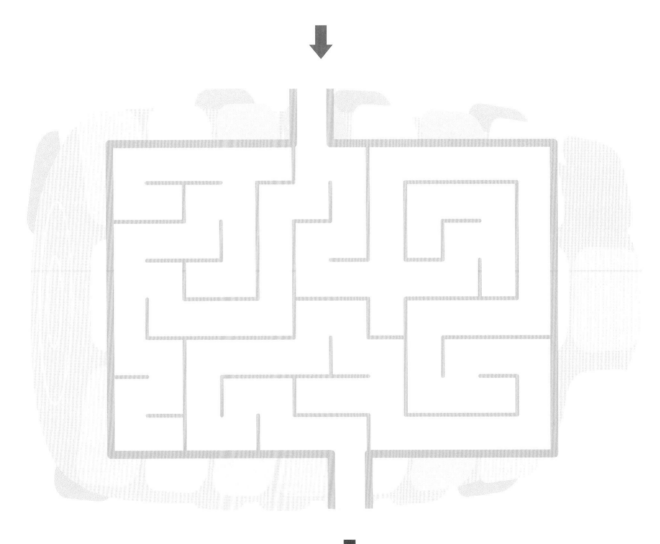

🏠 おうちの方へ

迷路の問題は、7〜8割方は、ゴールからたどることで、早く正答することができます。出題者が、道の分岐やミスリードする要素をスタートからの道順でしか用意していないことが多いからです。この問題も例外ではありません。[類題出題校：青山学院初等部など]

B-18
くうかん

がつ　にち　がつ　にち

こたえが　あっていたら　はなまるを　なぞろう

◆ ●を　ばんごうじゅんに　つないでいくと
でてくる　いきものは　どれかな？

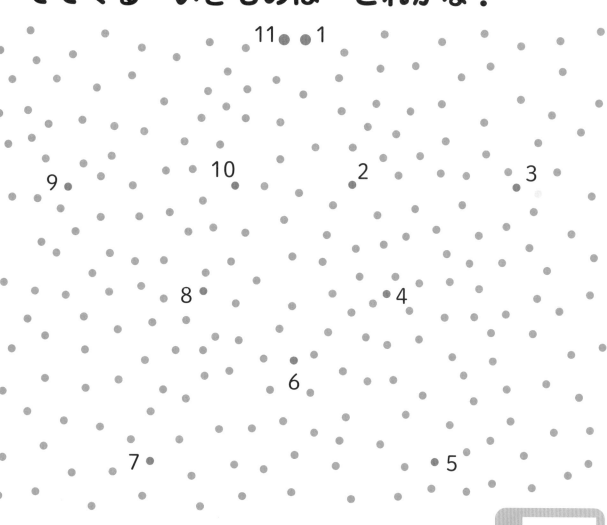

① らくだ　　　② ひとで

③ とかげ　　　④ からす

こたえ

🏠 おうちの方へ

大人なら実際に線を引かなくても、青い点をつないでいくと星型になることが容易に推察
できますが、幼児も同様とは限りません。まずは、問題文の通りに青い点をつないでいき、
実際に線画を描くことが大切です。［類題出題校：大阪教育大学附属天王寺小学校など］

けいさん

がにつち　がにつち
こたえが　あっていたら　はなまるを　なぞろう

かずが　おなじ　ものどうしを　せんで
むすんでね。

🏠 おうちの方へ

こうした問題では、描かれているものの種類は関係ありません。実際の入試では、わざと
稚拙に描いたようなイラストが使われていることもあるのですが、そこにとらわれると時
間のロスになるので要注意です。[類題出題校：立教女学院小学校など]

すいり

4まいの　えを　じゅんばんに　ならべてね。

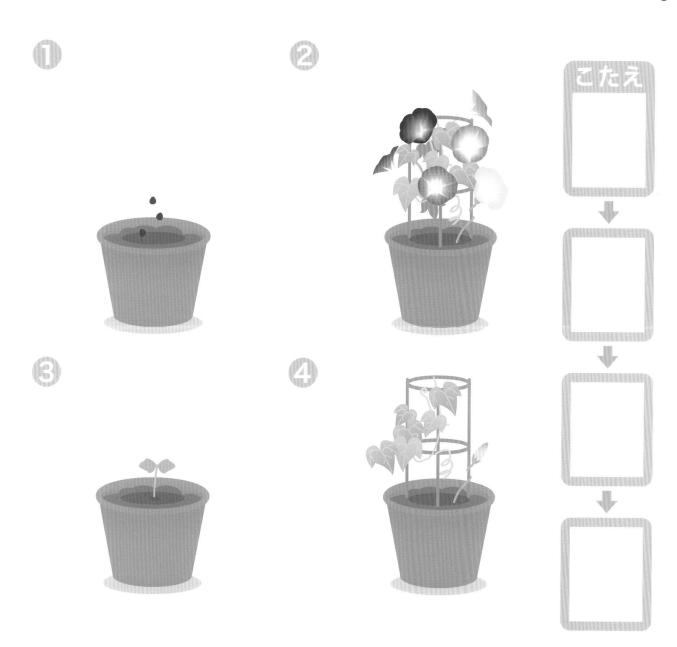

① ② ③ ④

こたえ

🏠 おうちの方へ

植物の生長過程については、早いうちに覚えておくとよいでしょう。一般的には、「種子〜芽（双葉）〜つぼみ〜花〜枯れる」の順になります。「花」と「枯れる」の間に「実」が入ることもあります。［類題出題校：埼玉大学教育学部附属小学校など］

LEVEL 1
こたえ B-11〜20

B-11 ②

①ソフトクリームは３こ
②ダブルは５こ
③バニラ・チョコは４こ
こういうもんだいは、なれ
てくるとかぞえなくてもわ
かるようになります。

B-12　したのえをみてね。

B-13　したのえをみてね。

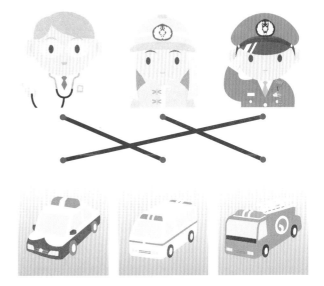

いしゃときゅうきゅうしゃ、
しょうぼうしとしょうぼう
しゃ、けいさつかんとパト
カーをむすびましょう。

B-14　③と④

ちがういろがあるくみあわ
せを、けしていきましょう。

B-15 ③

ほかよりほっぺがあかいです。

B-16　したのえをみてね。

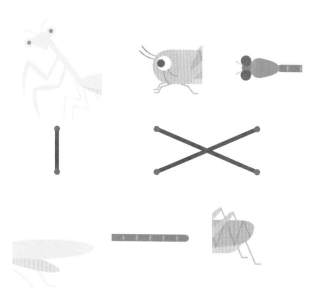

うえのだんのひだりから、
カマキリ・バッタ・トンボ
がえがかれています。

B-17　したのえをみてね。

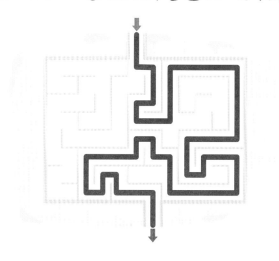

ゴールからいくと、はやく
わかるかもしれないよ。

B-18 ②

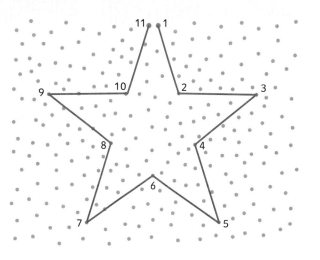

B-19　したのえをみてね。

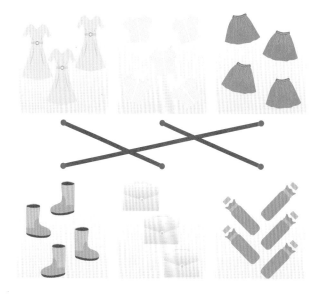

B-20　❶→❸→❹→❷

アサガオがせいちょうして
いくようすが、イラストに
なっています。
❶たねをまく。
❸めがでる。
❹つぼみになる。
❷はながさく。

1とうだけ　ちがう　パンダは　どれかな？

①

②

③

④

こたえ

けいさん

1 かいめ	2 かいめ
がつ　にち	がつ　にち

こたえが あっていたら はなまるを なぞろう

かずが　いちばん　すくない　やさいは どれかな？

①

②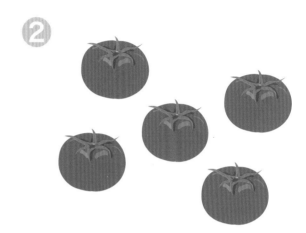

③

④

こたえ

🏠 **おうちの方へ**

数が「少ない」ものを問うているところがポイントです。数の多寡を問う出題は、小学校入試の頻出項目でしたが、近年は数を減らしています。とは言え、ケアレスミスで失点すると痛いので、問題文をしっかり読むことを、普段から心がけるように指導しましょう。

こたえが あっていたら はなまるを なぞろう↑

◈ したの　4にんの　うち、2ばんめに　せが たかいのは　だれかな？

① ② ③ ④

こたえ ☐

🏠 おうちの方へ

背が高い⇄低い、顔が大きい⇄小さい、足が長い⇄短い、色が白い⇄黒いなど、身体的特徴は、対義語としてまとめて覚えると効率的です。なお、その際、差別的な表現にならないように注意しましょう。[類題出題校：アサンプション国際小学校など]

ひとつだけ　ほかと　しゅるいが　ちがう　ものは　どれかな？

①

②

③

④

こたえ □

❨ 25
けいさん

1かいめ	2かいめ
が　に	が　に
つ　ち	つ　ち

こたえが　あっていたら　はなまるを　なぞろう↟

◆ いちばん　おおきな　かずは　どれかな？

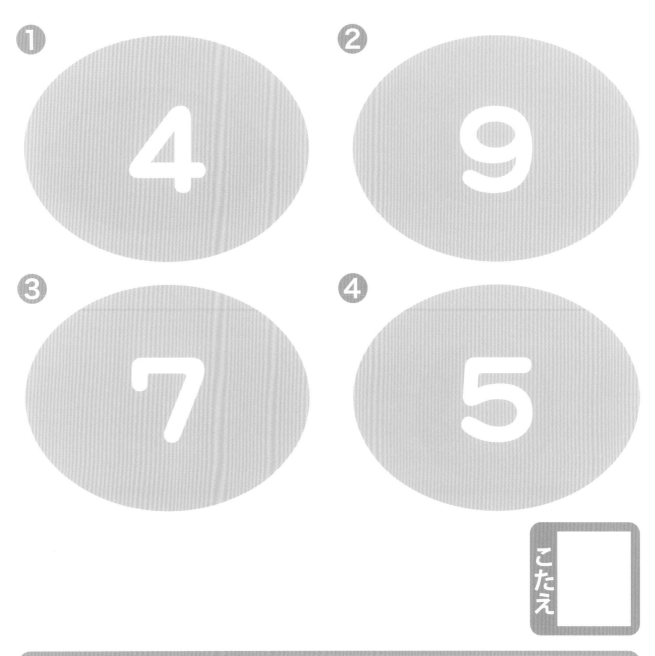

① 4

② 9

③ 7

④ 5

こたえ

◆ りょうはしの　えが　しりとりで　つながる
とき　？には、どれが　はいるかな？

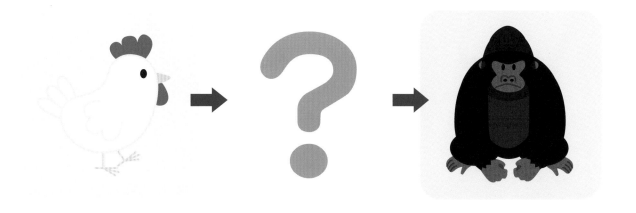

① ② ③

こたえ

🏠 おうちの方へ

しりとりを使った出題は非常にスタンダードです。遊びとして生活に取り入れて、ときどき練習しましょう。こちらが、意図的に長い言葉や少し難しい言葉を使うことで、ボキャブラリーの増加や語句の意味の理解にも役立ちます。［類題出題校：日出学園小学校］

◆ **いちばん　かずが　おおいのは　どれかな？**

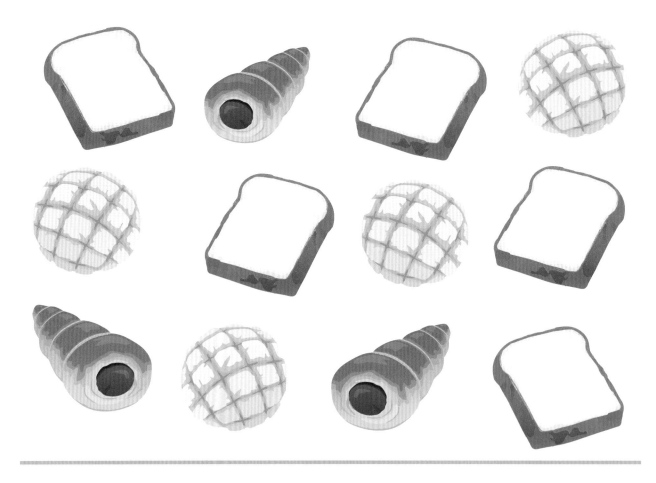

① ② ③

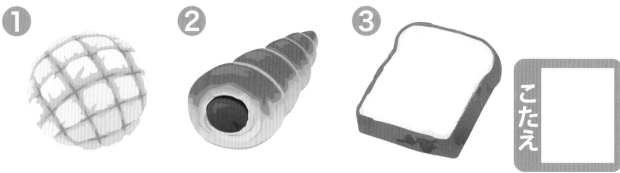

こたえ

ひらめき

◆ ある　きまりどおりに、ボールが　ならんで
いるよ。❓には　どれが　はいるかな？

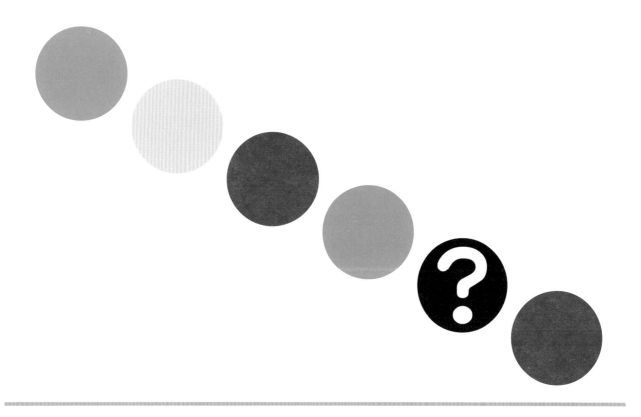

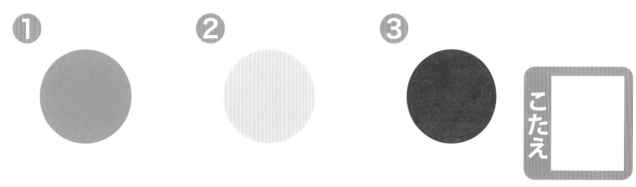

①　②　③

こたえ

🏠 おうちの方へ

ここでは、問題文に「あるきまりどおりに」という説明がありますが、書かれていないケースも多いでしょう。穴埋め問題は、示されている情報から規則性、法則性を導くものが多いので、うまくヒントを与えてあげましょう。［類題出題校：川村小学校など］

かんさつ

◆ **おなじ　おばけは　どれと　どれかな？**

①

②

③

④

こたえ 　□ と □

 おうちの方へ

B-14（p.27）と同様に、先に違っているものを排除したほうが、早く正答できるでしょう。
異質なものを排除すれば、残った2つが正答になります。裏ワザですが、立体視を用いて、
間違いを見つけ出す方法もあります。［類題出題校：大阪教育大学附属平野小学校］

◆ みほんの ような パズルを つくるとき、
いらない ものは どれかな？

みほん

① ② ③ ④

こたえ

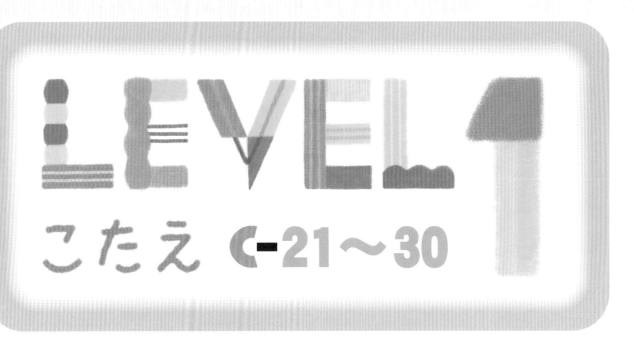

LEVEL 1
こたえ (-21〜30

(-21 ②

②だけ、くちのかたちがちがっています。

(-22 ④

①ナスが３ぼん、②トマトが５こ、③タマネギが４こ、④カボチャが２こ。「すくないもの」なので、④がせいかいです。

(-23 ③

「２ばんめに」せがたかい、というところにちゅういしましょう。

(-24 ②

①はミカン、③はスイカ、④はレモンで、②のラグビーボールのほかはどれもくだものです。

(-25 ②

このもんだいがとけなかったら、１から１０のかずをじゅんばんにいえるように、がんばりましょう。

♪-26　❸

「しりとり」はしっていますか？　しらなければ、おしえてもらいましょう。
もんだいは「ニワトリ→？→ゴリラ」なので、「リ」ではじまって、「ゴ」でおわる「リンゴ」。つまり、ただしいこたえは❸です。

♪-27　❸

❶のメロンパンは４こで、❷のチョココロネは３こ、❸のしょくパンは５まいなので、ただしいこたえは❸です。

♪-28　❷

みどり〜きいろ〜あかのじゅんにならんでいますから、ただしいこたえは❷のきいろ。しんごうとおなじならびかたですね。

♪-29　❷と❸

❶はめのおおきさが、❹はてのむきがちがいます。

♪-30　❶

すこし、むずかしかったかもしれませんが、おなじものは２ついらないので、ここではくじらのしっぽのえのどちらかがいらないとわかります。
つながりのぶぶんをよくかんさつしましょう。

ちょうし
いいね!!

問題を解くことに慣れてきたお子さんに合わせて、
応用・発展問題を加えました。
おおよその対象年齢は 5 〜 6 歳です。

ドリルの もんだいが できたら、そのページの
やさいや くだものの えを なぞっていこう！

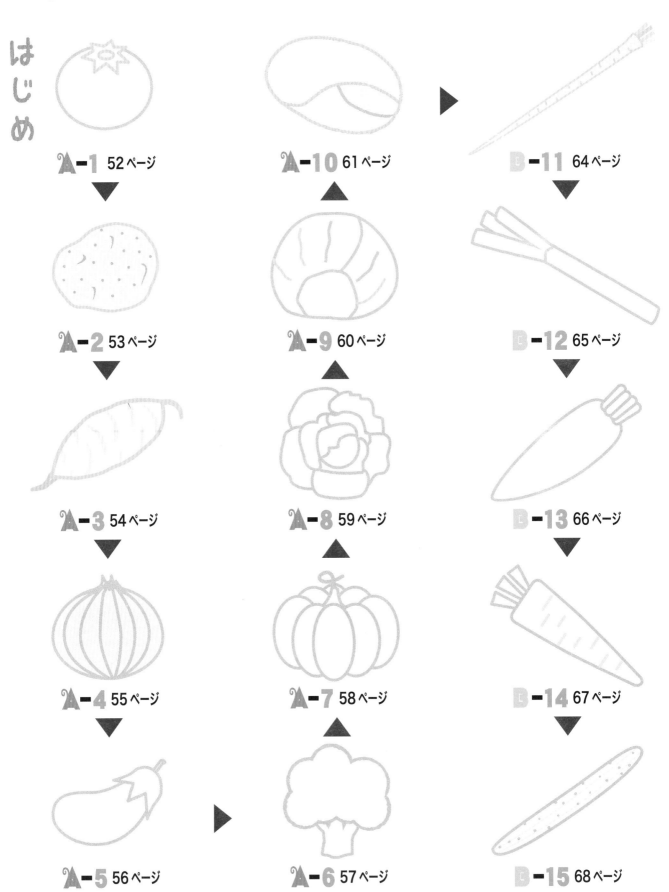

はじめ

A-1 52ページ

A-2 53ページ

A-3 54ページ

A-4 55ページ

A-5 56ページ

A-10 61ページ

A-9 60ページ

A-8 59ページ

A-7 58ページ

A-6 57ページ

B-11 64ページ

B-12 65ページ

B-13 66ページ

B-14 67ページ

B-15 68ページ

～れべる・に～

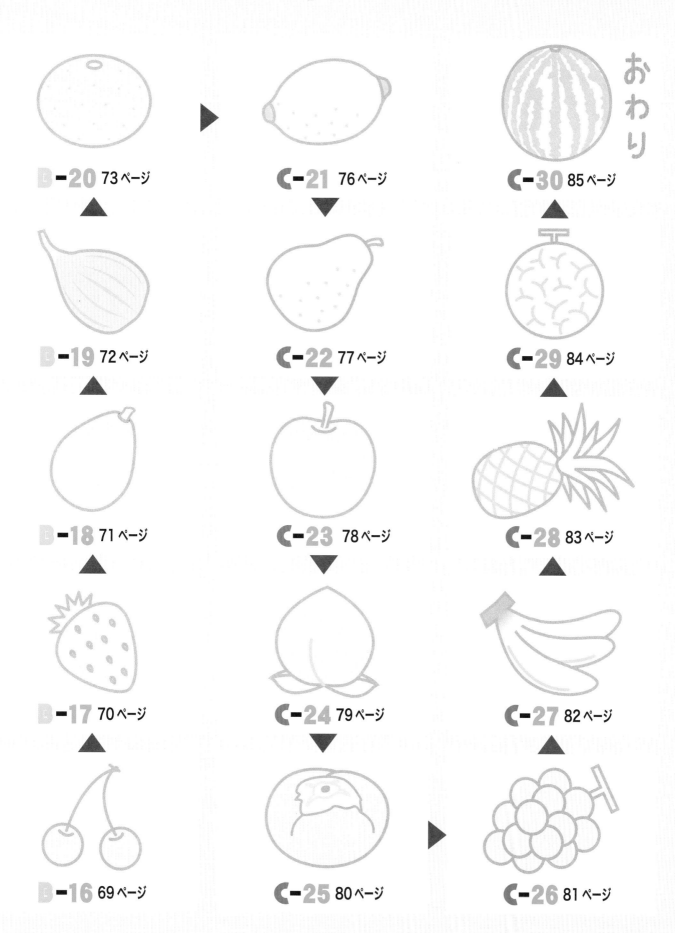

おわり

B-20 73ページ → C-21 76ページ C-30 85ページ

B-19 72ページ C-22 77ページ C-29 84ページ

B-18 71ページ C-23 78ページ C-28 83ページ

B-17 70ページ C-24 79ページ C-27 82ページ

B-16 69ページ C-25 80ページ → C-26 81ページ

すいり

◆ かんけいの ふかい ものどうしを せんで むすんでね。

  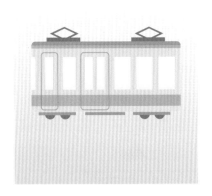

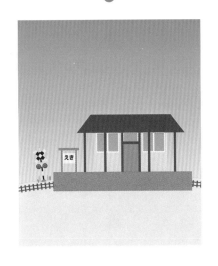  

🏠 おうちの方へ

乗り物とその発着場所を組み合わせたオーソドックスな問題です。タクシーやバスが出題されることもありますが、陸海空の3種類の代表として、飛行機、船、電車の組み合わせが最もポピュラーです。[類題出題校：関西大学初等部など]

52

◆ 4まいの　えを　じゅんばんに　ならべてね。

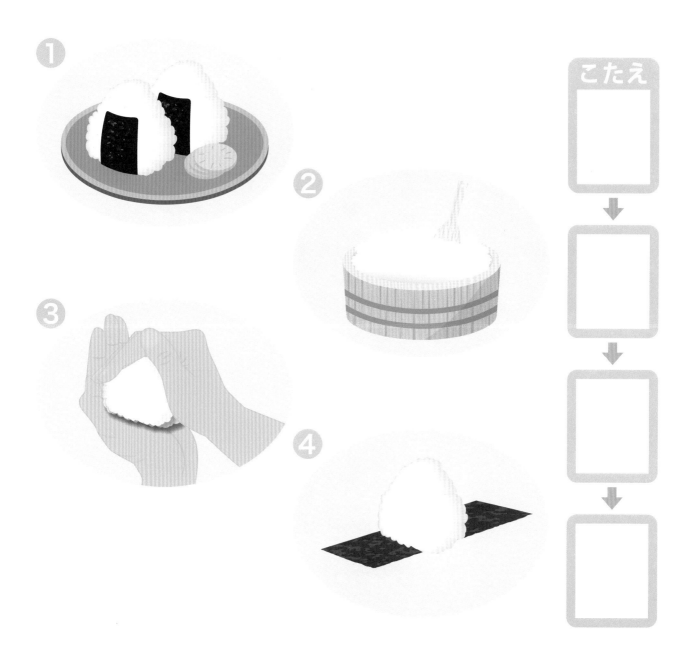

こたえ

⌂ おうちの方へ

日頃から食べ慣れているおむすびですが、作るところを目にしていないお子さんも意外と多いようです。お母さんがおむすびを作るところを見せたり、一緒に作ったりすることで、自然に生活の知識が身に付いていきます。[類題出題校：賢明学院小学校など]

◆ **かずが　おなじ　ものどうしを　せんで　むすんでね。**

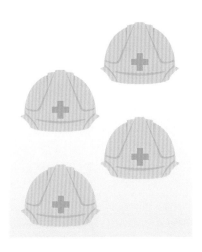

🏠 おうちの方へ

こういう問題は、数さえ合っていればよいのですが、好奇心旺盛なお子さんはしばしばイラストに興味を持ってしまい、回答時間が長くかかってしまうことがあります。小学校受験を考えている場合は注意が必要です。［類題出題校：日本女子大学附属豊明小学校など］

◆ **いちばん　たくさんの　かいものが　できる　こうか（おかね）は　どれかな？**

①

②

③

④

こたえ

🏠 **おうちの方へ**

キャッシュレス決済が普及して、小銭を持ち歩かなくなる傾向にありますが、お金の価値を肌で感じるには、やはり現金が最も効果的です。できれば、「はじめてのおつかい」は、小学校に上がる前に体験しておきたいものです。

◆ うえの　えと　したの　えを　みくらべて、
したの　えの　ちがう　ところに　まるを
つけてね。5つ　あるよ。

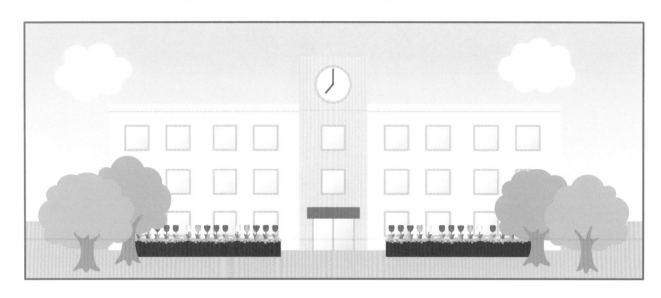

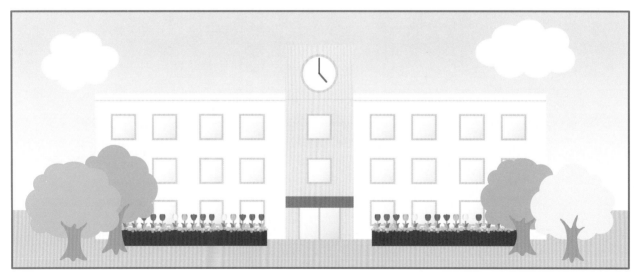

🏠 おうちの方へ

　2つの絵を見比べて、違いを探す能力は、かなり早い時期に発達します。幼児でも、集中力のあるお子さんは、思い込みがないぶん、親御さんよりも早く間違いを見つけることも多いでしょう。[類題出題校：雙葉小学校・淑徳小学校・アサンプション国際小学校など]

1かいめ	2かいめ
がつ にち	がつ にち

こたえが あっていたら はなまるを なぞろう ↑

◆ したの えを、みほんの ように みぎに
まわしたら、？には どれが はいるかな？

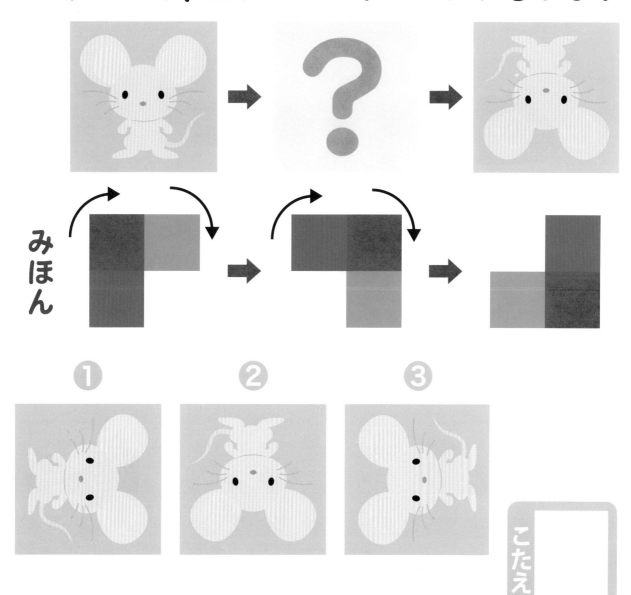

① ② ③

こたえ

 おうちの方へ

絵を回転させるとどうなるか考えさせる問題は、得意不得意がはっきり分かれます。苦手なお子さんは、頭の中でイメージすることができないので、実際に書いたものを作ってあげて、目の前で実演しながら解説すると効果的です。[類題出題校：昭和学院小学校など]

◆ うえの えと したの えで、おなじ もの
どうしを せんで むすんでね。

🏠 おうちの方へ

4種類の魚（フグ・ツノダシ・マンボウ・クマノミ）の上半身と下半身とを結びつける問題です。色も形も異なっているので、難しくはありません。魚の種類を答えさせる出題はほとんどありませんが、興味があるお子さんは、自分でどんどん覚えていくでしょう。

◆ **おなじ　くみあわせは　どれと　どれかな？**

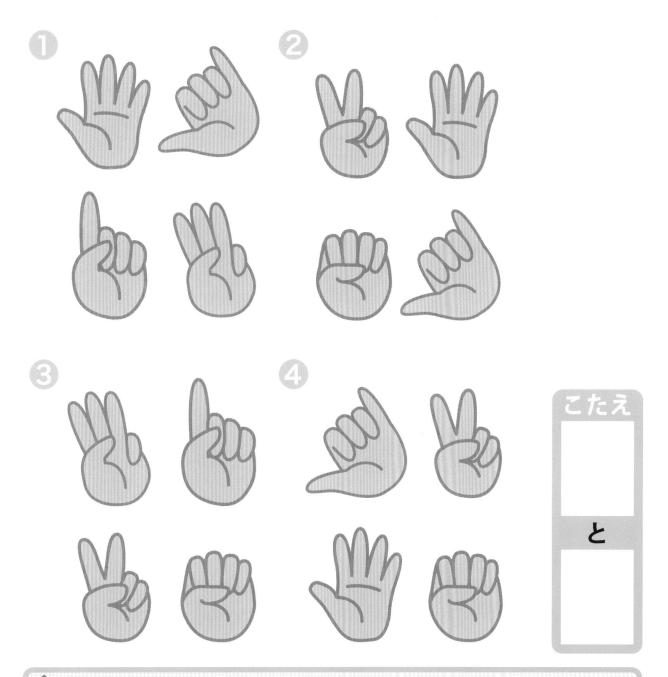

59

◆ **つみきを　みほんの　ように　つんだとき、いらない　ものは　どれかな？**

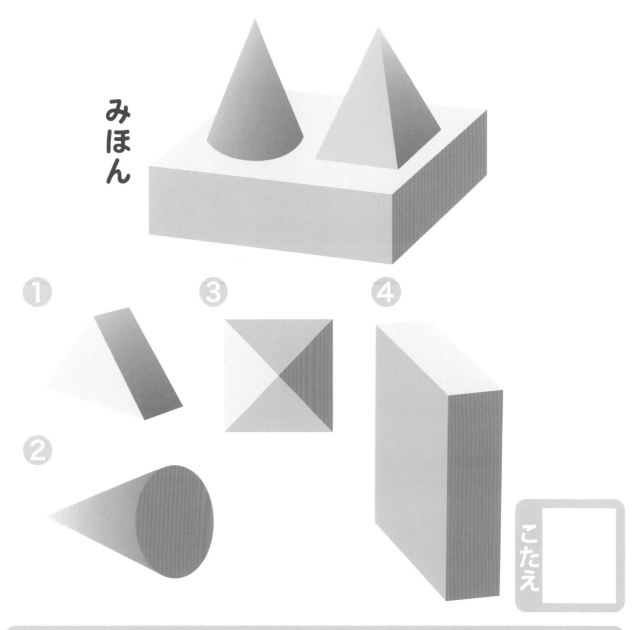

🏠 おうちの方へ

　立体を用いた問題は増えています。出題される立体の種類は限定的で、見る角度によって大きく形の違う円錐、円柱、三角錐、三角柱が頻出項目です。積み木などで遊びながら、見え方を確認しておきましょう。[類題出題校：お茶の水女子大学附属小学校小学校など]

ひらめき

◆ **ひとつだけ　ほかと　しゅるいが　ちがう ものは　どれかな？**

 ①

 ②

 ③

 ④

こたえ ☐

 おうちの方へ

果物と野菜との違いは微妙なところもありますが、一般的に、ご飯のおかずになるものが野菜、デザートが果物と覚えておけばよいでしょう。カットされた状態でしか見たことがないお子さんも増えているので、一緒に皮をむいたり、切ったりしたいものです。

LEVEL 2
こたえ A-1〜10

A-1 したのえをみてね。

ひこうきはひこうじょう、ふねはみなと、でんしゃはえきとかんけいがあります。

A-2 ②→③→④→①

おむすびをつくるてじゅんを、イラストであらわしています。

A-3 したのえをみてね。

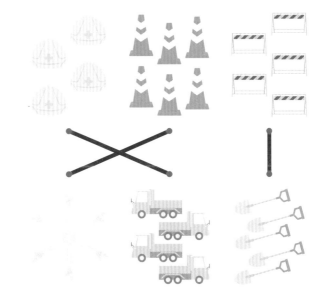

ヘルメットとトラックが４つ、コーンとスパナが６つ、バリケードとスコップが５つです。

A-4 ③

おかねのねだんについておぼえましょう。

A-5　したのえをみてね。

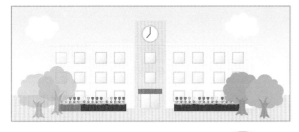

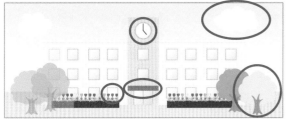

くものおおきさ、きのいろ、
じかん、やねのおおきさ、
まどのいろ、の５つです。

A-6　❶

よくわからないときは、
じっさいにかみにかいてま
わしてみましょう。

A-7　したのえをみてね。

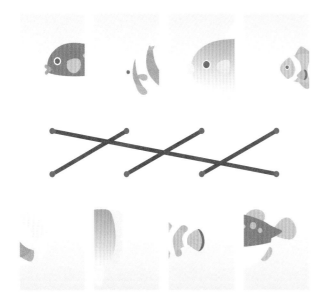

A-8　❷と❹

グーのかたちがはいってい
ない❶をはずします。❸
だけ、ゆびが３ぼんのかた
ちがはいっているので、❸
もちがいます。

A-9　❶

❹のうえに❷と❸がのっ
ています。❷と❸はほう
こうによって、かたちがち
がうのでちゅういしてくだ
さい。

A-10　❸

❶ミカン、❷カキ、❹リ
ンゴはくだもので、❸の
キャベツだけがやさいです。
「しょくごのデザートとし
てたべるのはくだもの」、
「ごはんのとき、おかずに
なるのはやさい」とおぼ
えておきましょう。

D-11
かんさつ

みほんと　おなじ　ものは　どれかな？

みほん

①
②
③
④

こたえ

🏠 **おうちの方へ**

こういう問題は、いわゆる消去法で解くのがセオリーです。番号や場所にこだわらないで、目立つ間違いのある選択肢を消していけばOK。その結果残ったものが正解になることを理解し、似た問題が出題されたら、同様の手法で回答できるように指導してあげましょう。

B-12
けいさん

いちばん　かずが　おおいのは　どれかな？

① ② ③ ④

こたえ

🏠 **おうちの方へ**

簡単すぎると思われる場合は、問題の絵を5秒間だけ見せたら絵を隠し、選択肢だけを見せ、どれが一番多いか質問するという形式にしてもよいでしょう。色の濃いもの、目立つものを多いと感じがちなので要注意です。[類題出題校：東京学芸大学附属大泉小学校など]

したの　ひょうの　なかに　かくれている　うみの　いきものを　みつけて、みほんの　ように、◯◯で　かこんでね。「たこ」の　ほかに、5しゅるいの　いきものが　かくれているよ。ななめや　したから　うえに　よんでは　いけないよ。

みほん

た	こ	さ
い	る	か
か	め	に

た	こ	さ
い	る	か
か	め	に

おうちの方へ

このジャンルの問題は、ボキャブラリーの豊富さがカギ。単純記憶力の優れた幼児期に、絵本や図鑑を読み、ETV の番組などを積極的に視聴しましょう。動物園や博物館などで、本物に接することができればさらに効果的です。[類題出題校：国立学園小学校など]

が に が に
つ ち つ ち

こたえが あっていたら はなまるを なぞろう

いちばん　かずが　すくないものは　どれかな？

① ② ③ ④

こたえ

🏠 **おうちの方へ**

　人が対象物をパッと見て把握できる数は、成人で5〜6個。それ以上になると混乱しがちです。数が多い場合は、3〜4個のかたまりに分けて見るとよいでしょう。たとえば、この問題のパイプなら「左側に3個、右側に4個」として認識するわけです。

かんさつ

ひとつだけ　ほかと　ちがう　ものは　どれかな？

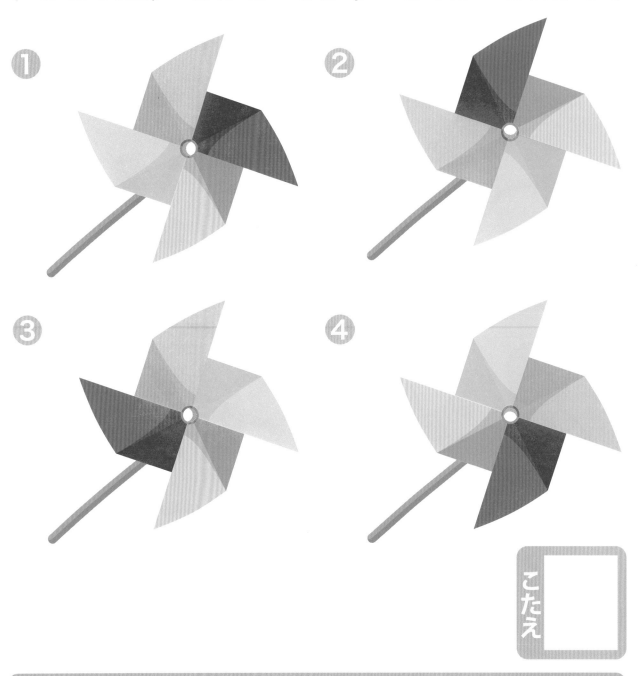

① ② ③ ④

こたえ

おうちの方へ

漫然と見るだけでは、正答にたどりつきにくい問題です。絵をしっかりと見て、色や形、位置などの要素をひとつずつ比較する必要があります。ただし、右脳が発達すると、いちいち意識しなくても、瞬時にそういったことができるようになります。

すいり

◆ **ジュースの　りょうが　いちばん　おおい
ものは　どれかな？**

①

②

③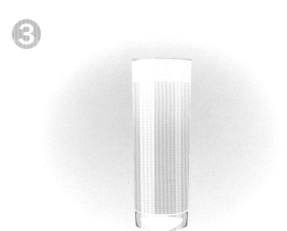

④

こたえ ☐

🏠 **おうちの方へ**

大人は簡単にわかることでも、幼児にとっては難しいことがたくさんあります。飲食物に
対する目分量もそのひとつ。経験不足が原因なので、実際に目の前で比べてみせるのが一
番効果的です。［類題出題校：関西大学初等部・早稲田実業学校初等部など］

けいさん

2まいの　おさらに　のっている　クッキーを
おなじ　かずに　するには、あおい　おさらに
したの　どれを　のせたら　いいかな？

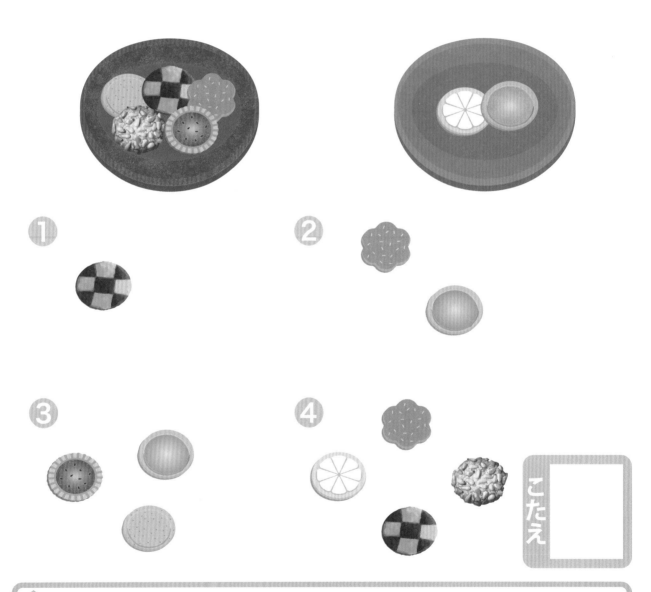

① ② ③ ④

こたえ

ずけい

◆ ▢ に、ちょうど　あてはまる　ものは
どれかな？

① 　　②

③ 　　④ 　こたえ

🏠 **おうちの方へ**

大きな絵のなかに、適切な部品をあてはめる問題です。ここでは、正答以外の選択肢の絵のズレが大きく、紛らわしいものがないので、きちんと絵を観察しさえすれば、間違えることはないでしょう。［類題出題校：星野学園小学校など］

D-19
かんさつ

こたえが あっていたら はなまるを なぞろう

したの　５まいの　えのなかで、１まいしか ないものは　どれかな？

①

②

③

④

⑤

こたえ

 **おうちの方へ**

よく似た絵がずらっと並んでいて、紛らわしい印象ですが、よく見ると、比較しなければ ならない要素は、リボンの有無と口の形だけだとわかるでしょう。［類題出題校：関西創 価小学校・横浜国立大学教育学部附属横浜小学校など］

かんさつ

◆ おなじ　くみあわせは　どれと　どれかな？

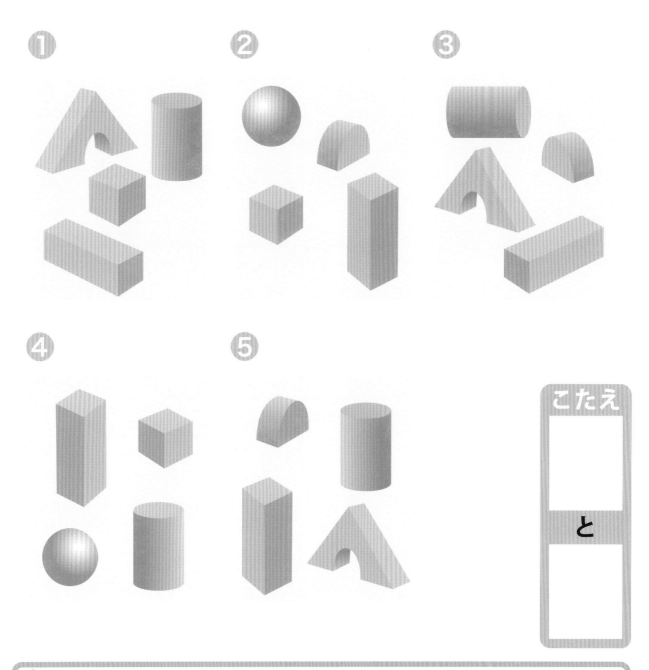

① ② ③

④ ⑤

こたえ

と

LEVEL 2
こたえ B-11〜20

B-11 ④

ちがっているところは、したのえをみてね。

B-12 ④

❶オオカミおとこ＝6
❷とうめいにんげん＝4
❸フランケンシュタイン＝5
❹バンパイア＝7
なれてくると、パッとみてわかるようになります。

B-13 したのえをみてね。

「たこ」のほかに、「いるか」「かめ」「たい」「いか」「かに」、5しゅるいのいきもののなまえがあります。

B-14 ③

❶ぼうし＝6　❷パイプ＝7　❸ピストル＝4
❹むしめがめ＝5
「すくない」にちゅうもく。

B-15　③

①②④は、はねが、あお〜あか〜きいろ〜みどりのじゅんばんです。

B-16　①

いちどにかんがえないで、①と②、①と③、というふうに、ひとつずつわけてくらべていきましょう。

B-17　③

あかいおさらにクッキーが５まい、あおいおさらには２まい。あおいおさらに、あと３まいのせればいいですね。

B-18　②

うしのかおとサイロ（レンガづくりのたてもの）がポイントです。①③④はいちがずれているので、わかりやすいでしょう。

B-19　④

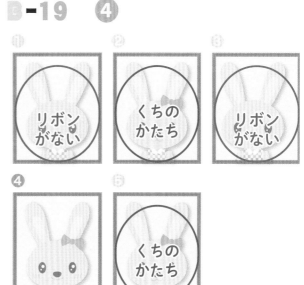

B-20　③と⑤

したのえをさんこうにしてね。

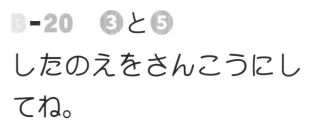

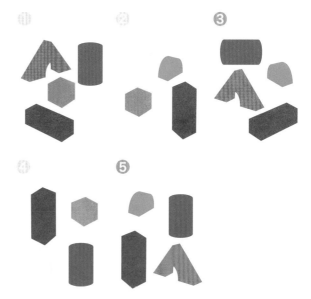

◖21 くうかん

1かいめ	2かいめ
が　にち　つ	が　にち　つ

こたえが　あっていたら　はなまるを　なぞろう↑

◆ ● を　ばんごうじゅんに　つないでいくと　でてくる　いきものは　どれかな？

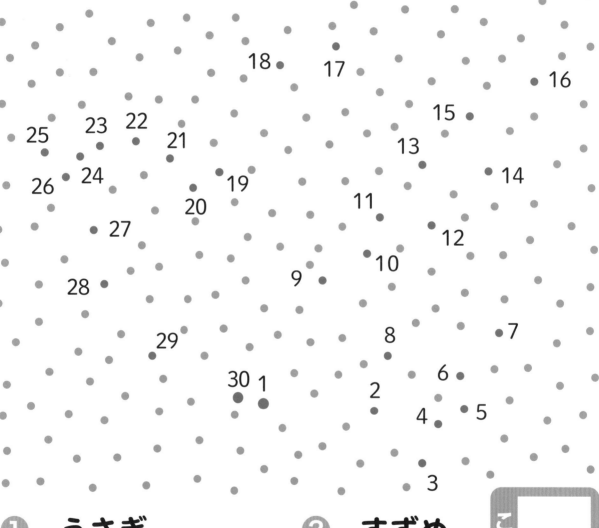

① うさぎ ② すずめ
③ めだか ④ かえる

こたえ

🏠 おうちの方へ

青い点をつないで出てくる絵は、カクカクしており、種類まで特定するのは難しいのですが、羽根やくちばしがあることは間違いありません。それを踏まえると、より早く回答できます。［類題出題校：洛南高等学校附属小学校など］

◆ うえの えと したの えで、おなじ かずの
　ものどうしを せんで むすんでね。

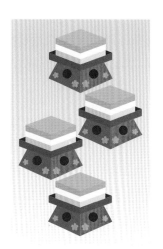

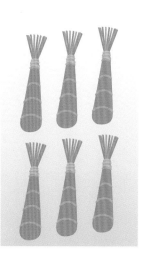

⌂ おうちの方へ

数の同じものを問うているので、イラストは関係ないのですが、季節感のある出題は多いので、できれば、描かれているものが何かわかるようにしておきたいところです。上段左側から順に、桜餅、ひなあられ、ひし餅、ぼんぼり、花菖蒲、鯉のぼり、ちまき、兜です。

77

◆ みほんと　くみあわせると　ましかくに　なる
ものは　どれかな？

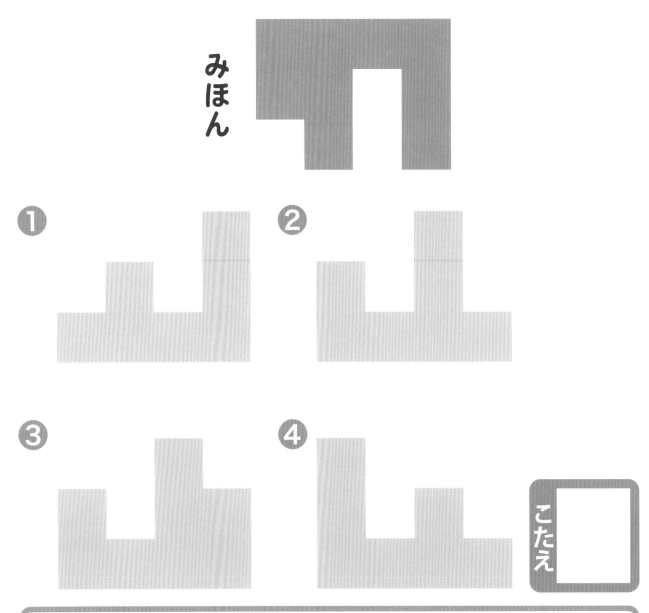

みほん

① ② ③ ④

こたえ

🏠 **おうちの方へ**

得意不得意がはっきり分かれる問題です。**みほん**を小さな正方形が 9 個集まったもの、作りたい「ましかく」は、小さな正方形が 16 個集まったものと考えるやり方もあります。
［類題出題校：埼玉大学教育学部附属小学校など］

◆ したの　4ひきの　うち、2ばんめに　せが
ひくいのは　どの　いぬ　かな?

①　②　③　④

こたえ

 おうちの方へ

問題文の中に、「2番目に」「背が低い」という少しイレギュラーな要素が2つあることが
ポイントです。問題文をよく読めば、難しくはありません。[類題出題校:千葉大学教育
学部附属小学校など]

◆ Aと Bに あてはまる ものは それぞれ どれかな？

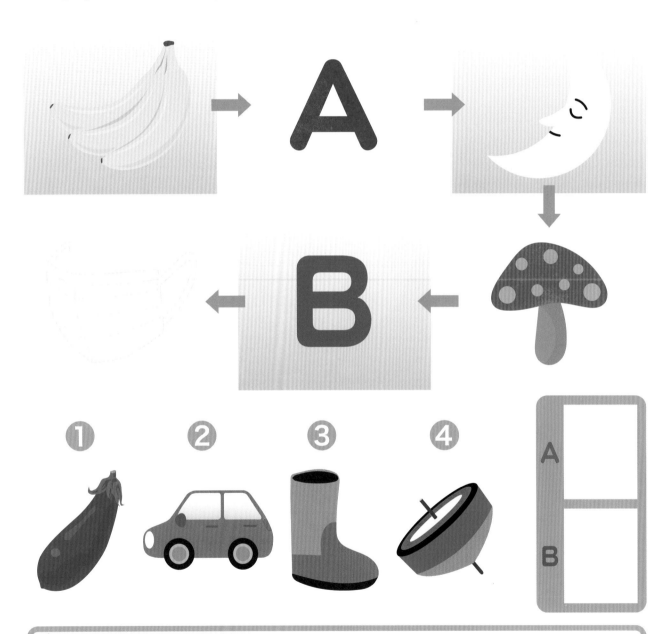

すいり

◆ **4まいの　えを　じゅんばんに　ならべてね。**

こたえ

🏠 **おうちの方へ**

パン食の朝食を準備する手順を示しています。小学校入試問題には、掃除や洗濯に関する出題も散見されます。日頃から、おうちの方々が家事をする様子を見せたり、お手伝いをする習慣をつけておけば、特に対策をしなくても対応できるようになります。

◆ みほんの　ような　ぐるぐるまきの　ひもが
あります。これを　まっすぐ　のばしたら、
したの　どの　ひもと　おなじ　ながさに
なるかな？　ほかの　どうぐを　つかって
かんがえても　いいよ。

みほん

①

②

③

④

こたえ

🏠 おうちの方へ

ほかの道具を使って考えても大丈夫なので、お子さんに、この問題を解くために欲しいものがあるかどうか聞いてみましょう。糸やリボンなどヒモ状のもの、針金、粘土等を欲しがったら大拍手です。［類題出題校：慶應義塾横浜初等部・森村学園初等部など］

♋ 28 ずけい

◆ みほんの　ような　パズルを　つくるとき、
いらない　ものは　どれかな？

みほん

① 　② 　③ 　④ 　⑤

こたえ

 おうちの方へ

部品をいくつか組み合わせて、大きな絵を作る問題です。似通ったものが複数あれば、そのどれかが不要と考えてよいでしょう。ここでは象の頭部を描いた部品が2つあります。
[類題出題校：京都教育大学附属京都小中学校初等部・仁川学院小学校など]

83

かんさつ

◆ **おなじ　くみあわせは　どれと　どれかな？**

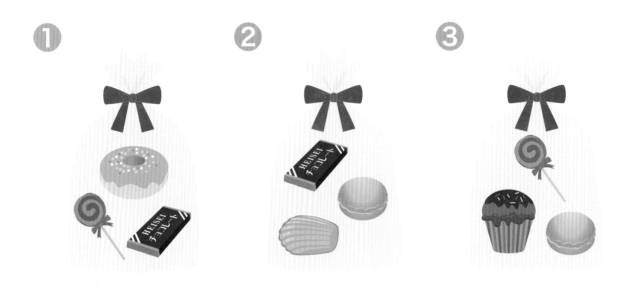

① ② ③

④ ⑤

こたえ

と

🏠 **おうちの方へ**

パッと見て、数の少ないお菓子を取り除いてみましょう。全体で２つしかないドーナツ、キャンディー、マカロン、カップケーキがなくなると、同じ組み合わせが一目でわかるようになります。[類題出題校：横浜国立大学教育学部附属横浜小学校など]

◆ みほんの えを てんせんで おりかえした とき、ぴったり あうものは どれかな？

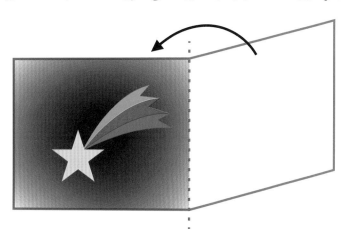

みほん

①

②

③

④

こたえ

🏠 おうちの方へ

「ぴったり合う」という問題文の表現がわかりにくいかもしれません。問題数をこなすことで、テストやドリルでよく使われる言い回しに慣れて、入試などでも困ることが少なくなります。［類題出題校：筑波大学附属小学校など］

LEVEL 2 こたえ C-21～30

C-21 ②

ハネがあるのはすずめだけ。

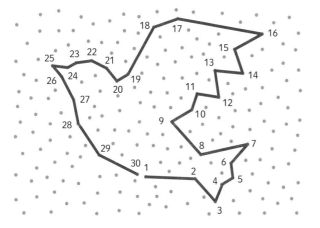

C-22 したのえをみてね。

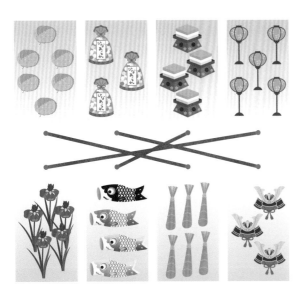

C-23 ②

みほんと
くみあわ
せると、
みぎのえ
のようになります。

C-24 ②

せがたかいじゅんにならべると、③→④→②→① なので、したから2ばんめは②です。

C-25 A＝③ B＝④

えのしりとりになっています。

⌒-26 ❷→❶→❸→❹

パンしょくのあさごはん
をつくるじゅんばんです。
❷…しょくパン。
❶…しょくパンをカット。
❸…トースターでやく。
❹…めだまやきやサラダ、
コーヒーをあわせていた
だきます。

⌒-27 ❶

ひもなどを**みほん**とおな
じながさにして❶〜❹と
くらべてみましょう。

⌒-28 ❹

こういうもんだいで、お
なじぶぶんが２つあれば、
どちらかがまちがいです。

⌒-29 ❷と❺

❶はキャンディー・チョ
コレート・ドーナツ。
❷はチョコレート・マカ
ロン・マドレーヌ。
❸はカップケーキ・キャ
ンディー・マカロン。
❹はカップケーキ・ドー
ナツ・マドレーヌ。
❺はチョコレート・マカ
ロン・マドレーヌ。

⌒-30 ❹

かがみにうつしてみたり、
うらがわからみたりする
とわかりやすくなります。
ちがっているぶぶんは、
したのえをみてね。

おうえんしてるよー.

れべる・さん

お子さまの脳の発達状況に合わせて、
入試問題等の類題も出題しています。
おおよその対象年齢は7〜8歳です。

ドリルの　もんだいが　できたら、そのページの
どうぶつの　えを　なぞっていこう！

はじめ

A-7
98ページ

A-8
99ページ

B-15
108ページ

A-1
92ページ

A-6
97ページ

A-9
100ページ

B-14
107ページ

A-2
93ページ

A-5
96ページ

A-10
101ページ

B-13
106ページ

A-3
94ページ

A-4
95ページ

B-11
104ページ

B-12
105ページ

~ れべる・さん ~

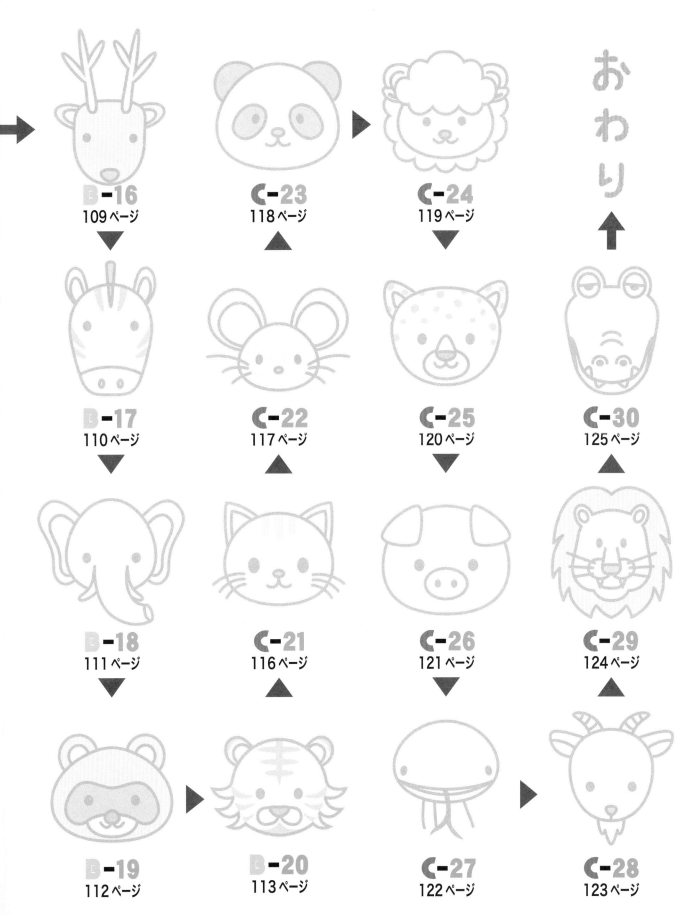

◆ いちばん かずが おおい ものは どれかな？

① ② ③ ④

こたえ

◆ いちばん おおきな かずは どれかな？

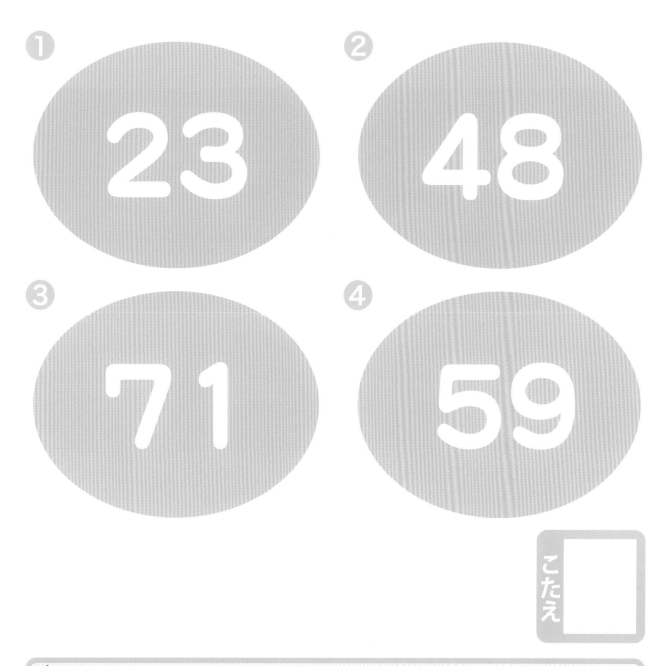

① 23

② 48

③ 71

④ 59

こたえ ☐

A-3
けいさん

◆ りょうほうの　すの　なかの　アリを　おなじ
かずに　するには、みぎがわの　すに　したの
どれを　いれれば　いいかな？

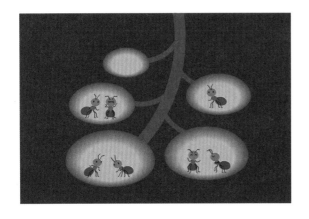

①

②

③

④

こたえ

🏠 おうちの方へ

巣から巣への移動はないので、シンプルな引き算で回答できます。引き算がまだ難しいお子さんでも、右の絵に1匹ずつ足していくことで、足し算として考えることができます。［類題出題校：洛南高等学校附属小学校・光塩女子学院初等科など］

？に　あてはまる　ものは　どれかな？

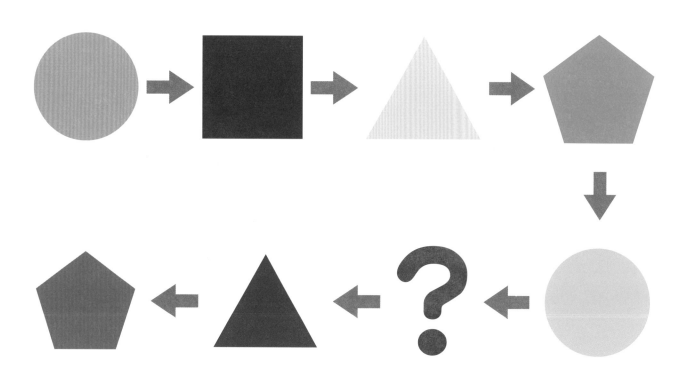

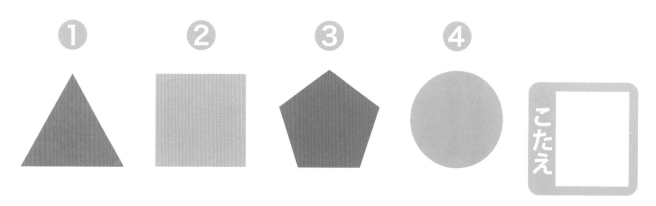

① ② ③ ④

こたえ

⌂ **おうちの方へ**

問題の難度が上がると、不必要な要素が入ってくることもあります。ここでは形だけでなく、色が変わっていますが、考慮する必要はありません。多くの問題をこなして慣れていきましょう。[類題出題校：暁星小学校・青山学院大学系属浦和ルーテル学院小学校など]

1かいめ		2かいめ	
が つ	に ち	が つ	に ち

こたえが あっていたら はなまるを なぞろう↑

◆ しりとりで つかうと まける どうぶつは どれかな？

①

②

③

④

こたえ

🏠 おうちの方へ

　しりとりは、道具が不要で、生活の中で気軽にできる遊びですが、ボキャブラリーの増加や、記憶の定着にとても効果的です。前に出た言葉や最後に「ん」のつく言葉は使えない、などのルールをしっかり覚えましょう。［類題出題校：日出学園小学校など］

いちばん おおきい かたちは どれかな？

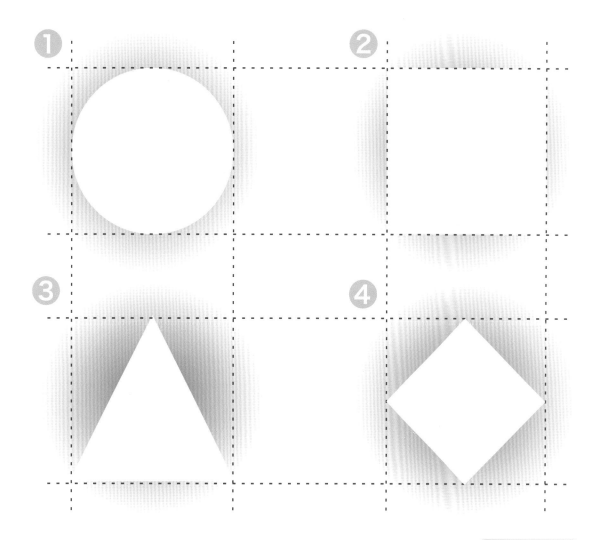

① ② ③ ④

こたえ ☐

🏠 おうちの方へ

この問題文で使われている「大きい」は、「広い」「面積が大きい」という意味になります。補助線が描かれているので、それを有効に使いましょう。[類題出題校：早稲田実業学校初等部・追手門学院小学校など]

1かいめ		2かいめ	
が つ	に ち	が つ	に ち

こたえが あっていたら はなまるを なぞろう↑

◆ **あかずきんちゃんの へやに いけるのは どの いちぐりかな？**

こたえ

🏠 **おうちの方へ**

迷路の問題は、とりあえず「ゴール」から線を引き始めるようにするとよいでしょう。この迷路も、ゴール（あかずきんちゃん）から道をたどることで、大きな手間や時間の節約になります。［類題出題校：宝仙学園小学校・開智小学校（総合部）など］

1かいめ	2かいめ
がつ　にち	がつ　にち

こたえが　あっていたら　はなまるを　なぞろう↑

◆ **おなじ　ライオンは　どれと　どれかな？**

① ② ③

④ ⑤

こたえ
と

 **おうちの方へ**

この問題も、まず他と違う部分を見つけて、そのライオンを排除することから始めるのが効率的です。形だけでなく、色・長さ・角度などが異なる場合もありますので、注意深くチェックしましょう。[類題出題校：横浜国立大学教育学部附属横浜小学校など]

みずが　でている　じゃぐちは　どれかな？

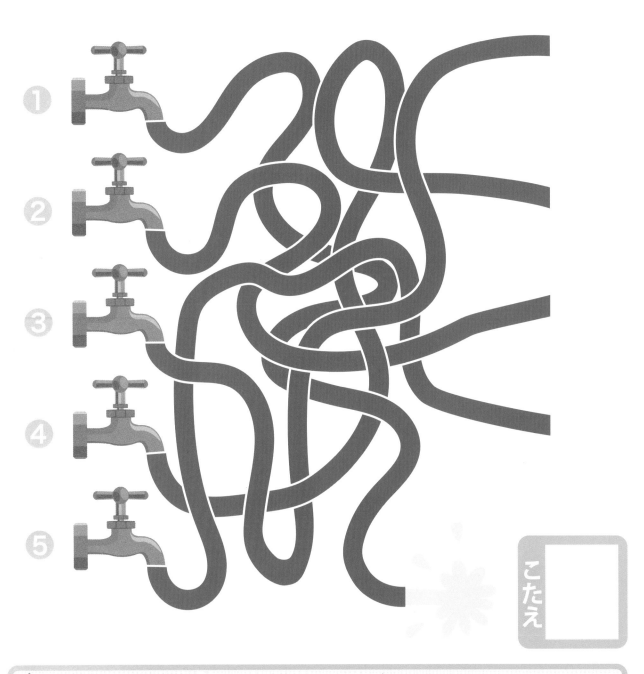

① ② ③ ④ ⑤

こたえ

🏠 おうちの方へ

集中力が散漫だと、途中から別のホースをたどってしまうことがあります。注意深く見るようにしましょう。一見、迷路とは違うように見えますが、こうした問題も水が出ている部分からたどるのが近道です。[類題出題校：香里ヌヴェール学院小学校など]

1かいめ		2かいめ	
が	にち	が	にち
つ		つ	

こたえが あっていたら はなまるを なぞろう

◆ ？に あてはまる ものは どれかな？

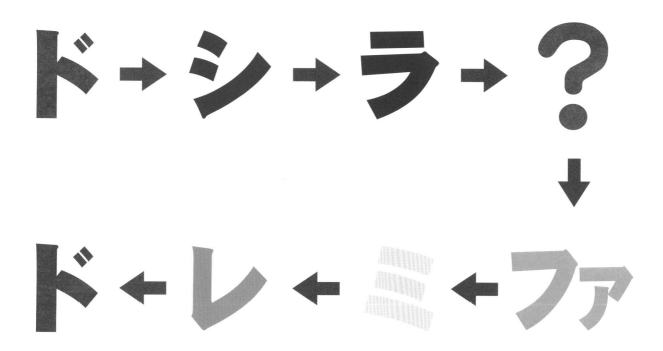

ド → シ → ラ → ？
↓
ド ← レ ← ミ ← ファ

① ② ③ ④
ツ ソ ナ ノ　こたえ ☐

🏠 **おうちの方へ**

ピアノなど、音楽関連の習いごとをしているお子さんには簡単でしょう。そうでなくても、早いうちに音階のことは覚えておいてほしいものです。ちなみに、絶対音感は幼児期でないとつけるのが難しいので、おうちでトレーニングしてあげてもよいと思います。

A-1 ②

① モンブラン＝７こ
② ショートケーキ＝９こ
③ ババロア＝８こ
④ チーズケーキ＝８こ
ひとつずつかぞえるので
はなく、３〜５こまとめ
てみるようにしましょう。

A-2 ③

このもんだいがとけなかっ
たら、１から１００のかず
をじゅんばんにいえるよう
に、がんばりましょう。

A-3 ④

ひだりのすにアリが７ひ
き、みぎのすには３びき。
アリをうつすのではない
ので４ひきいれます。

A-4 ②

いろがついているので、
まぎらわしくなっていま
すが、かたちだけみれば
ＯＫ。まる〜しかく〜さ
んかく〜ごかっけい、の
じゅんにならんでいます。

A-5 ③

さいごに「ん」がつくの
は「キリン」だけです。

A-6 ②

パッとみただけではわかりにくいかもしれません。てんせんでつくられたしかくにちゅうもくしてください。②だけがしかくいっぱいで、そのほかはむらさきいろのすきまがあります。そのぶんだけ②がおおきいといえます。

A-7 ②

したのえをさんこうにしてね。

めいろは、ゴールからたどるとわかりやすくなることがおおいです。

A8 ②と④

したのえをさんこうにしてね。

A-9 ①

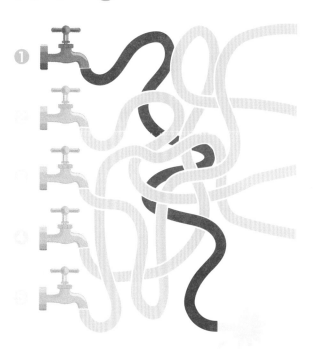

A-10 ②

「ドレミファソラシド」という、おんかいのじゅんばんにならんでいるときがついたかな？

けいさん

が に が に
つ ち つ ち
こたえが あっていたら はなまるを なぞろう

◆ おなじ かずの ものどうしを せんで
むすんでね。

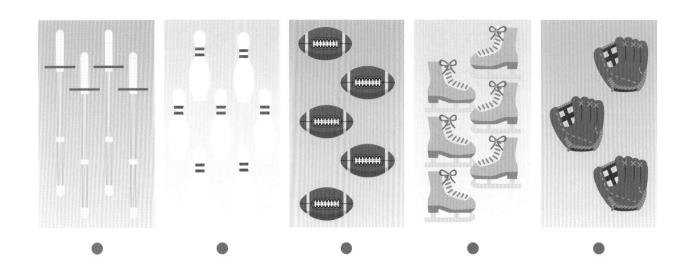

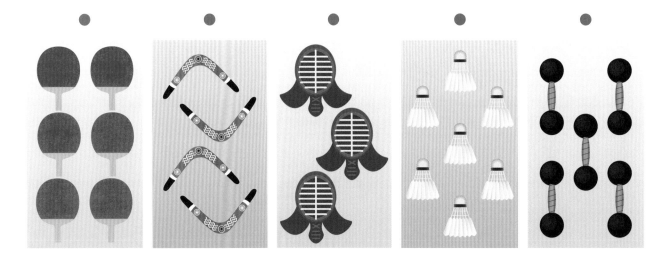

🏠 **おうちの方へ**

問題自体は難しくありませんが、幼児は興味を引かれる対象等が描かれていると、そこに
気を取られ、時間を無駄にしがちになります。問題を解くときには、集中して他のことに
気を取られないように指導しましょう。［類題出題校：香里ヌヴェール学院小学校など］

すいり

がつにち　がつにち

こたえが　あっていたら　はなまるを　なぞろう

◈ ４まいの　えを　くみあわせて　みほんの
ような　えを　つくるとき、いらない　ものは
どれかな？

みほん

①

②

③

④

⑤

こたえ

🏠 おうちの方へ

まず、「４つの部品が合体して大きな絵になっていて、選択肢の中に１枚不要なものが入っている」という大前提を理解することが先決。そこでつまずくと、正解にたどりつくまでに長い時間がかかったり、意味がわからないままで終わってしまうおそれもあります。

すいり

４まいの　えを　じゅんばんに　ならべてね。

①

②

③

④

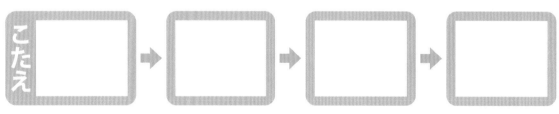

こたえ　□ → □ → □ → □

🏠 **おうちの方へ**

イソップの「ウサギとカメ」を４コマにまとめたものです。元ネタを知らないとかなり難度が上がってしまうので、このページに取りかかる前に、読み聞かせなどをしてあげるとよいでしょう。［類題出題校：慶應義塾幼稚舎など］

くうかん

➡から はいって ➡から でられるように
せんを かいてね。

🏠 **おうちの方へ**

「迷路の問題はゴールから」がお約束。また、出題者には、おしなべて迷路全体を使おうとする傾向があるため、遠回りをする道を選ぶほうが、結果的に早く解ける確率が高くなります。[類題出題校：昭和学院小学校など]

D-15
かんさつ

こたえが あっていたら はなまるを なぞろう

おなじ ものは どれと どれかな？

こたえ ☐ と ☐

⌂ おうちの方へ

選択肢の数が増えて、難度が上がっています。しかし、同じもの同士を探すより、先に違うものを探して、消去法で消していくほうが、むしろ早く正解にたどりつけるという鉄則は変わりません。［類題出題校：青山学院初等部など］

けいさん

いちばん　たくさんの　かいものが　できる くみあわせは　どれかな？

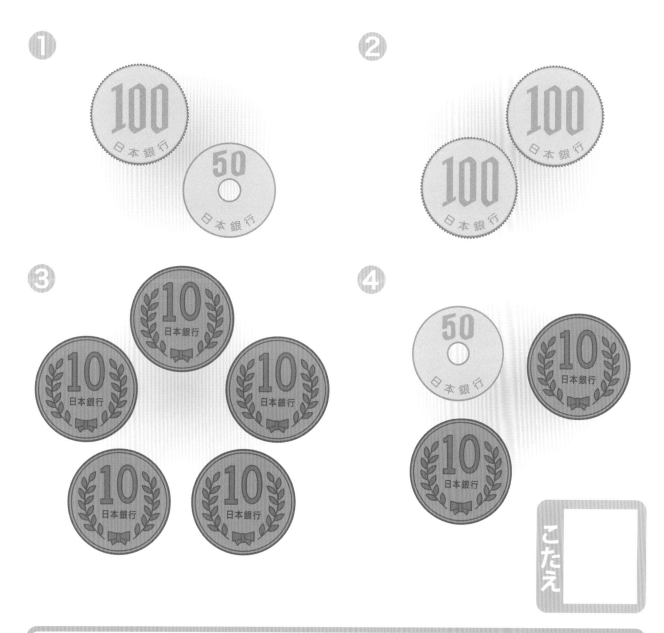

①

②

③

④

こたえ

みほんと　おなじ　かぞえかたを　するのは どれかな？

みほん

①

②

③

④

こたえ

🏠 **おうちの方へ**

数詞を扱う問題は、入試でときどき見かけます。問われるのは、文房具や食器・食べ物・ 衣服・住宅・家具・乗り物など生活に密着したものがほとんどなので、日頃から小まめに 使い分けて、お手本になってあげましょう。［類題出題校：森村学園初等部など］

B-18
ことば

がつ　にち　がつ　にち

こたえが あっていたら はなまるを なぞろう

◆ ?に　あてはまる　ものは　どれかな？

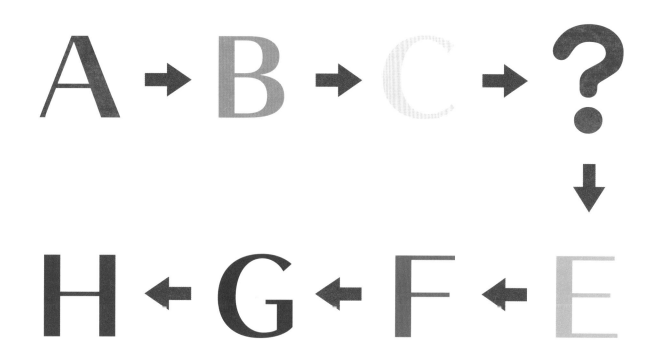

① ② ③ ④

J M D X

こたえ

🏠 おうちの方へ

小学校入試では、一部の例外を除いて、英語の意味を問う出題はありませんが、アルファベットを使ったものは散見されるようになりました。「きらきら星」のメロディで歌う「ABCの歌」は、幼児でもすぐに覚えられるので、早くから聞かせてあげるとよいでしょう。

B-19
ことば

したの ひょうの なかに かくれている
どうぶつを さがして、（くま）のように
（　　　）で かこんでね。「くま」のほかに
8ぴきの どうぶつが かくれているよ。
ななめや したから よんでは だめだよ。

く	ま	り	み	こ	あ	ら	じ
ね	き	た	し	も	ざ	な	は
こ	り	ぼ	か	ぐ	ら	く	だ
ぴ	ん	い	ぬ	ら	し	ん	わ

⌂ **おうちの方へ**

目で見るだけで8種類全部見つけるのは、大人でも難しいかもしれません。お子さんは、実際に書き込んだほうが、より理解できるでしょう。［類題出題校：国立学園小学校など］

くうかん

◆ 3つの　ほうこうから　みほんの　つみきの　しゃしんを　とると　それぞれ　どのように　うつるかな？

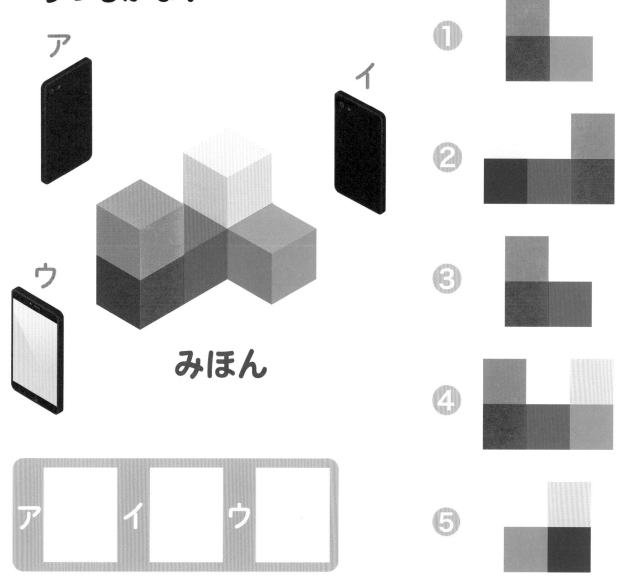

ア

イ

ウ

みほん

①
②
③
④
⑤

ア	イ	ウ

🏠 **おうちの方へ**

立体の見え方は、見る角度によって大きく変わります。積み木やブロックのおもちゃ等を使って、実際にどのように変わるかを教えておいてあげるとよいでしょう。［類題出題校：桐光学園小学校・慶應義塾横浜初等部など］

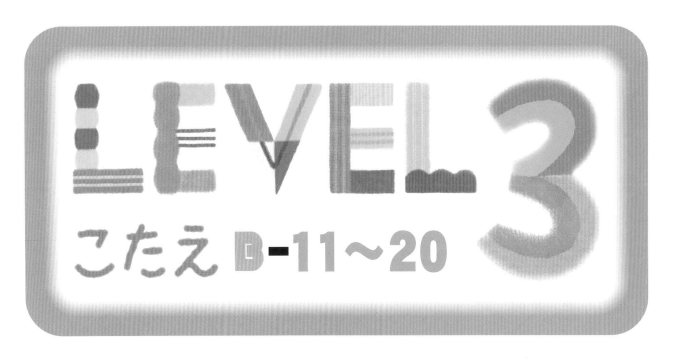

LEVEL 3
こたえ B-11〜20

B-11　したのえをみてね。

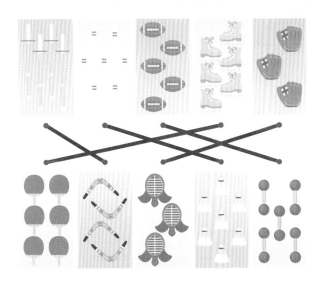

B-12　③

こういうもんだいでは、おなじぶぶんが２つあったら、どちらかはいりません。

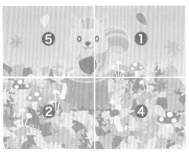

B-13　①→④→③→②

①ウサギとカメがきょうそうすることになります。
④ウサギがずっとリード。
③ゆだんしてねるウサギ。
②そのすきに、やすまなかったカメがゴールイン。

B-14　したのえをみてね。

B-15　①と⑥
したのえをさんこうにしてね。

B-16　②
① 50と100で150えん
② 100と100で200えん
③ 10と10と10と10と10で50えん
④ 50と10と10で70えん

B-17　③
みほんのネコと③のミミズは「ひき」、①のクジャクは「1わ、2わ」、②のほんは「1さつ、2さつ」、④のヤシのきは「1ぽん、2ほん」とかぞえます。

B-18　③
アルファベット（えいごのもじ）のじゅんばんになっています。

B-19　したのずをみてね。

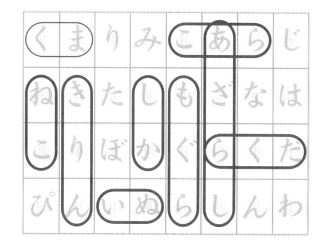

ねこ、きりん、しか、もぐら、あざらし、こあら、らくだ、いぬと、8しゅるいのどうぶつがかくれています。

B-20　ア② イ⑤ ウ①
どこからみるかによって、みえかたがぜんぜんちがうので、ちゅういぶかくかんがえるひつようがあります。

◆ ア・イ・ウの　チップは　それぞれ　どの
しょうひんと　つながっているかな？

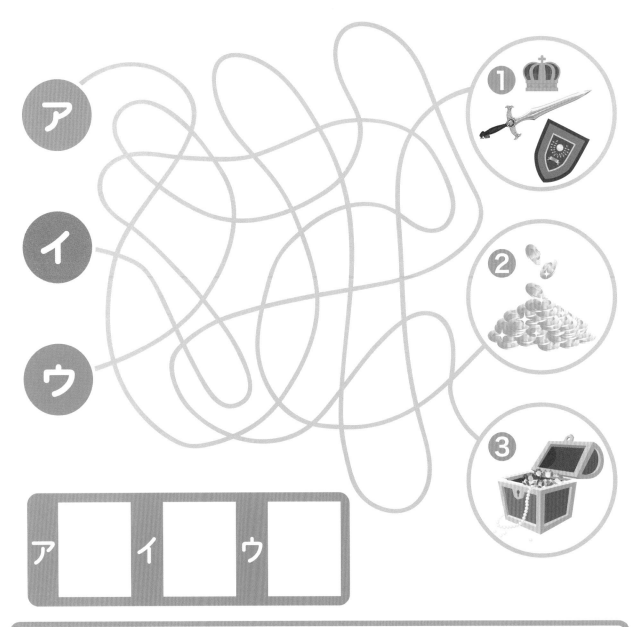

ア	イ	ウ

🏠 おうちの方へ

　この問題は、迷路の問題とかなり近い側面があります。ただし、ゴールがひとつではない
ため、逆からたどる必要はありません。横道にそれたり、違う道に入ってしまわないよう、
慎重にたどっていくことが大切です。目で追うだけでなく、指や鉛筆を使いましょう。

1かいめ		2かいめ	
がつ	にち	がつ	にち

こたえが あっていたら はなまるを なぞろう↑

◆ いちばん かずが おおい ものは どれかな？

① ② ③ ④

こたえ

◆ うえの えと したの えを みくらべて、
したの えの ちがう ところに まるを
つけてね。6つ あるよ。

 おうちの方へ

　形や色の違いは比較的わかりやすいのですが、位置や長さなどの違いは難度が高くなり、見つけにくくなります。部分的に紙で覆ってスペースを区切ったり、定規を使って位置関係を確認するのもひとつの手段です。[類題出題校：森村学園初等部など]

◆ ひとつだけ　ほかと　ちがっている　ものは
どれかな？　ひにちに　かんけいが　あるよ。

①

たなばた

②

しょうがつ

③

ひなまつり

④

せつぶん

こたえ [　]

 おうちの方へ

問題文の中で「日にちに関係がある」と明言していますから、まずはそれぞれの日にちを
書き出してみましょう。また、この機会に、年中行事について調べて、お子さんに教えて
あげるのも一案です。［類題出題校：暁星小学校など］

かんさつ

◆ おなじ　くみあわせは　どれと　どれかな？

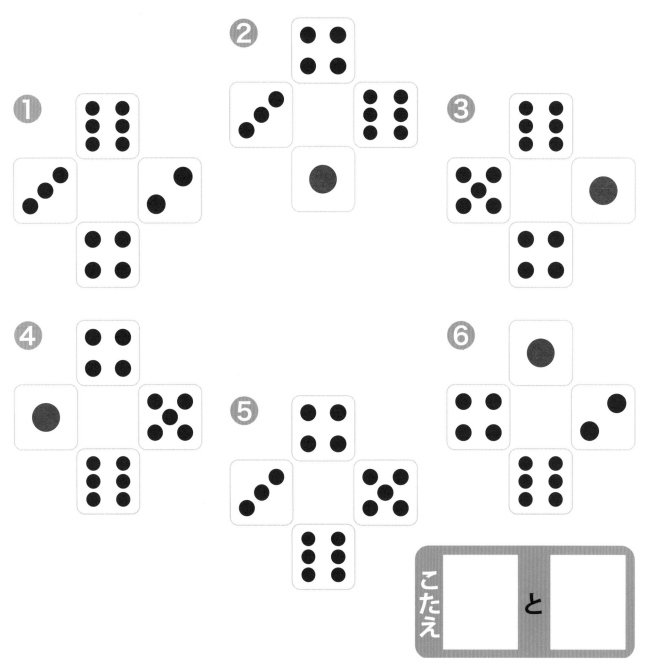

こたえ 〔　〕 と 〔　〕

◆ みほんの　えを　てんせんで　おりかえした
とき、ぴったり　あう　ものは　どれかな？

みほん

こたえ

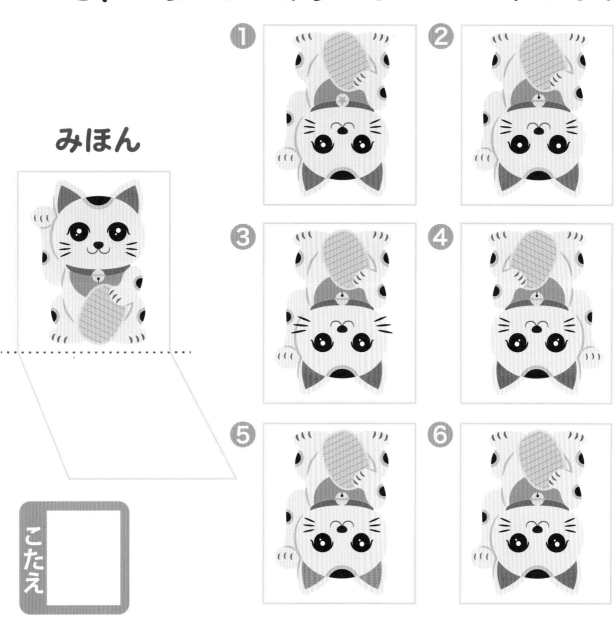

🏠 おうちの方へ

みほんの絵を鏡に映すか、裏から見たものと同じ絵を探せばよいのですが、選択肢が多い
こともあり、やはり消去法を使うほうが、早く正答にたどりつけるでしょう。[類題出題校：
早稲田実業学校初等部など]

◆ 2つの　テーブルの　うえの　トランプを
おなじ　まいすうに　するには、ひだりの
テーブルから、なんまい　とれば　いいかな？

 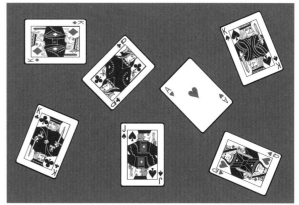

❶ 　　❷

❸
　　❹

こたえ ☐

 おうちの方へ

シンプルな引き算の問題として考えればよいのですが、まだ四則計算を理解していなくて
も、右側のテーブルに1枚ずつトランプを足していくという方法で、正答を導くことがで
きます。[類題出題校：埼玉大学教育学部附属小学校など]

◆ **おりがみを みほんの ように 2かい おり、はさみで きって ひろげると、どのように みえるかな？**

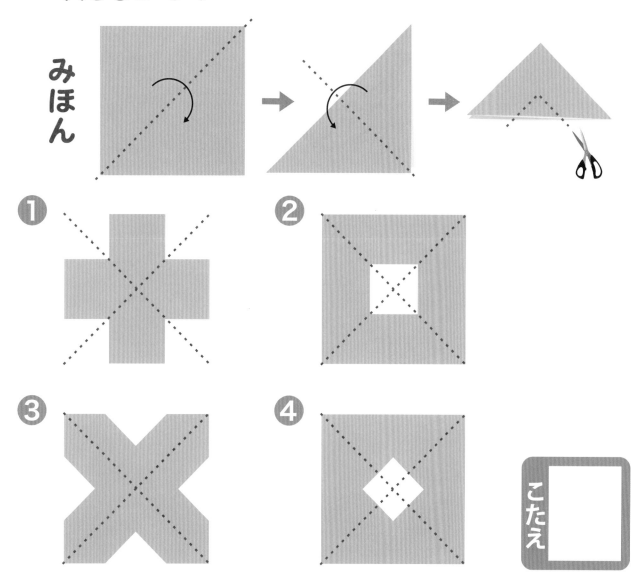

🏠 **おうちの方へ**

紙を折ってからはさみを入れる問題は難度が高く、正答率もぐっと下がります。紙とはさみを用意して、実際にやってみましょう。繰り返すうちに、どこをどう切ればどんな形になるのか、自然とわかるようになります。［類題出題校：同志社国際学院初等部など］

123

29 ひらめき

1かいめ		2かいめ	
が つ	に ち	が つ	に ち

こたえが あっていたら はなまるを なぞろう↑

◆ ？に あてはまる ものは どれかな？

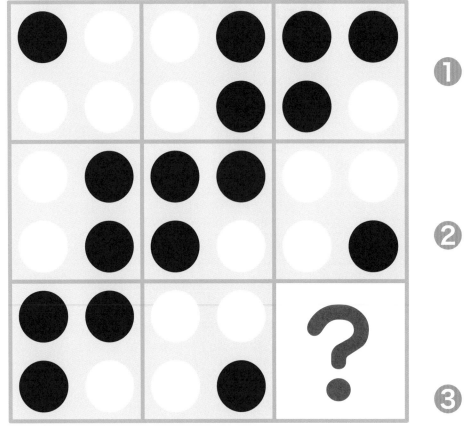

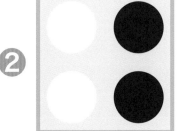

こたえ

おうちの方へ

白い丸を基準に考えても、黒い丸を基準に考えても原則として答えは同じです。しかし、❹と答えた場合、お子さんの説明に筋が通っていれば、半分点を上げてもよいかもしれません。[類題出題校：関西大学初等部など]

◆ みほんの もけいの しゃしんを 3ほうこう から うつしたら、それぞれ どんなふうに うつるかな？

ア

イ

ウ

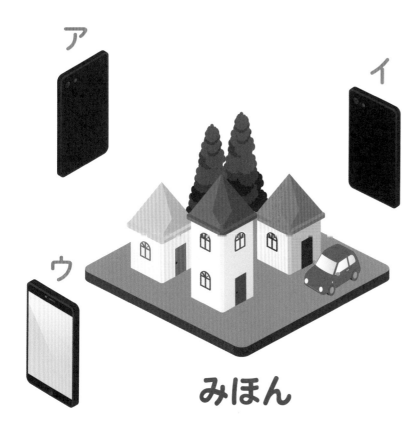

みほん

①

②

③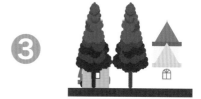

④

⑤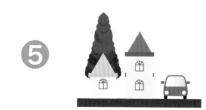

ア	イ	ウ

🏠 おうちの方へ

B-20の発展形です。どの角度から見たら、どのように見えるか、色々シミュレーションしてみましょう。[類題出題校：学習院初等科・青山学院初等部など]

125

こたえ C-21〜30

C-21　ア❶　イ❷　ウ❸
したのえをさんこうにして
てね。

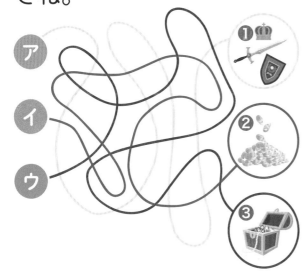

C-22　❹
❶のティラノサウルスは
9ひき、❷のブラキオサ
ウルスと❸のステゴサウ
ルスは8ぴき、❹のプテ
ラノドンは10ぴきです。

C-23　したのえをみてね。

C-24　❹
❶のたなばたは7／7で、
❷のしょうがつは1／1、
❸のひなまつりは3／3、
❹のせつぶんだけ、とし
によってひにちがかわっ
て2／1〜4です。

C-25　❸と❹
ぜんぶにある4と6のめ
をはずしてかんがえよう。

したのえをさんこうにしてね。

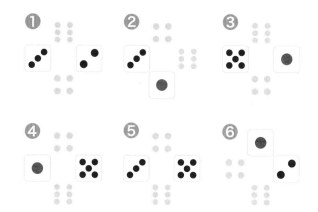

-26 ❻

したのえをさんこうにしてね。

-27 ❷

ひだりのテーブルにトランプが9まいあり、みぎのテーブルに7まいあるので、2まいとればおなじになります。

-28 ❸

このもんだいはすこしむずかしいかもしれません。じっさいにかみをきってみましょう。

-29 ❷

どのれつにも、くろいいしが1このマス、2このマス、3このマスがあります。❓にはいるのは2このマスです。しろいいしでもおなじです。

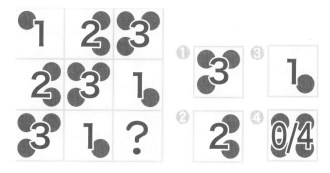

-30 ア❸ イ❶ ウ❺

-20とにたもんだいです。やねのいろやくるま、きがどこにあるかをよくかんがえましょう。

むずかしくなってきた…

ちゃれんじ・てすと

本書で学んできた内容の総復習です。
達成度の目安とすることができます。
おおよその対象年齢は 7 〜 8 歳です。

テストの　もんだいが　できたら、そのページの
のりものの　えを　なぞっていこう！

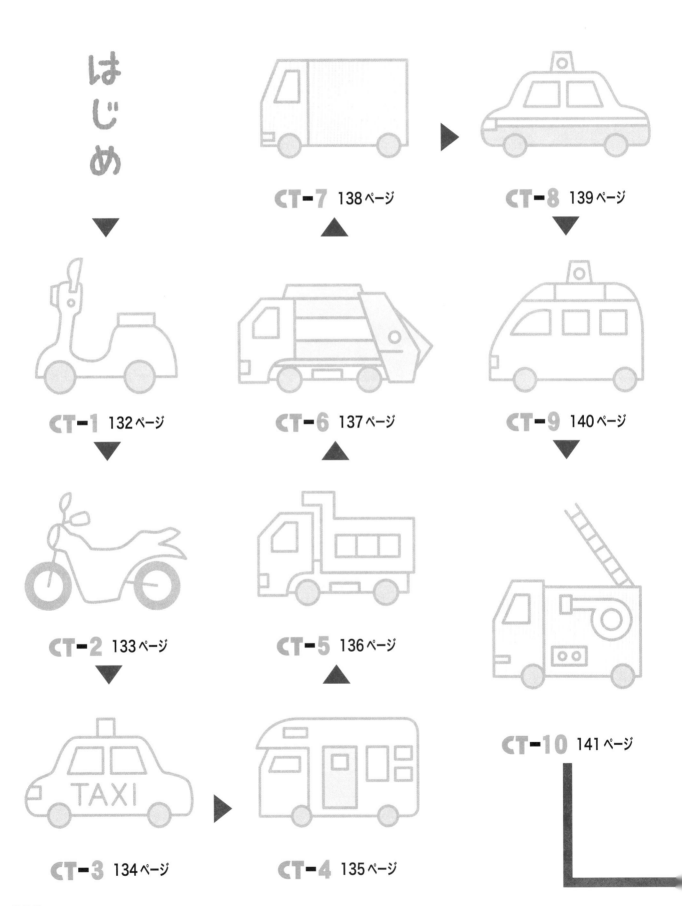

はじめ

CT-7 138ページ

CT-8 139ページ

CT-1 132ページ

CT-6 137ページ

CT-9 140ページ

CT-2 133ページ

CT-5 136ページ

CT-3 134ページ

CT-4 135ページ

CT-10 141ページ

〜 ちゃれんじ・てすと 〜

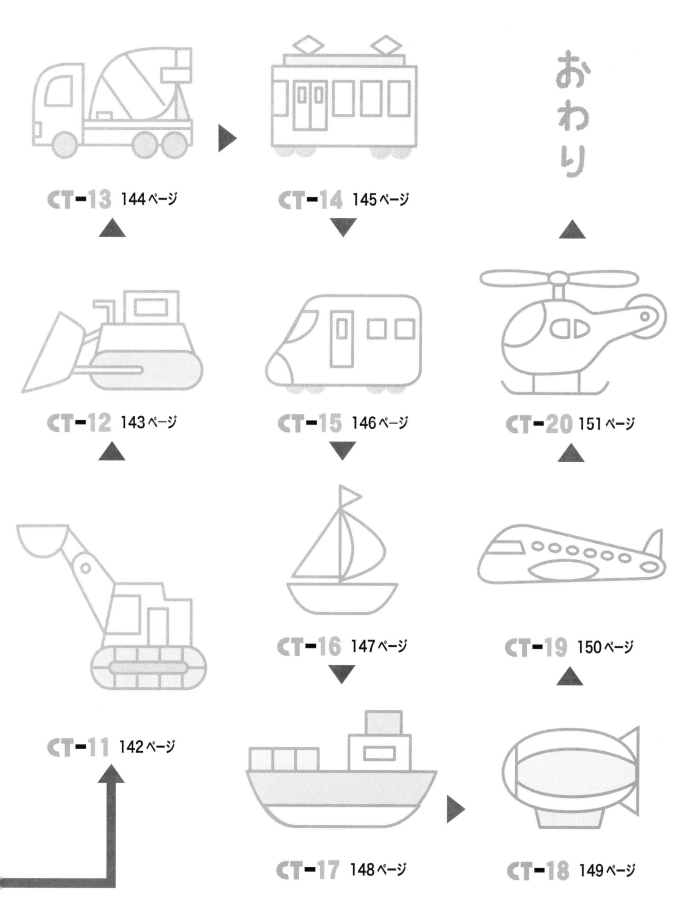

CT-13 144ページ

CT-14 145ページ

おわり

CT-12 143ページ

CT-15 146ページ

CT-20 151ページ

CT-16 147ページ

CT-19 150ページ

CT-11 142ページ

CT-17 148ページ

CT-18 149ページ

◆ **ひだりの　トレイの　うえの　ジュースと、
みぎの　トレイの　ハンバーガーの　かずを
おなじに　するためには、みぎの　トレイに
ハンバーガーを　あと　いくつ　のせれば
いいかな？**

① 　②

③ 　④

こたえ

◆ アルファベットを　2グループに　わけた
とき、みぎの　グループに　はいる　ものを
したの　もじから　ひとつ　えらんでね。

A

L Z

F X I H

V M

E

B

O R

G U J D

Q P

C

① ② ③ ④ ⑤ ⑥

K S N T W Y

こたえ ☐

🏠 **おうちの方へ**

仲間分けの問題ですが、常識にとらわれると、大人のほうが苦戦するかもしれません。文字であることにこだわらないで、シンプルに形状の違いだけを比べれば、両者の違いは一目瞭然です。[類題出題校：関西大学初等部など]

◆ **いちばん　たくさんの　かいものが　できる　くみあわせは　どれかな？**

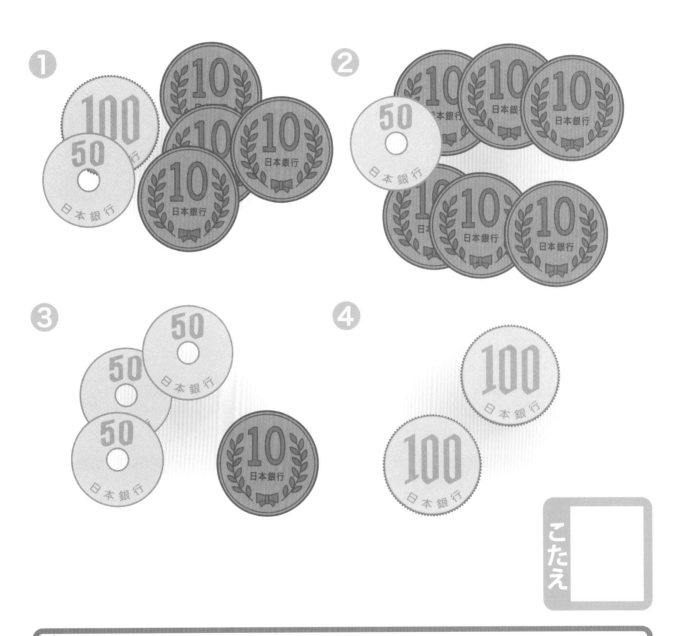

こたえ ☐

CT-4
かんさつ

◆ **おなじ くみあわせは どれと どれかな？**

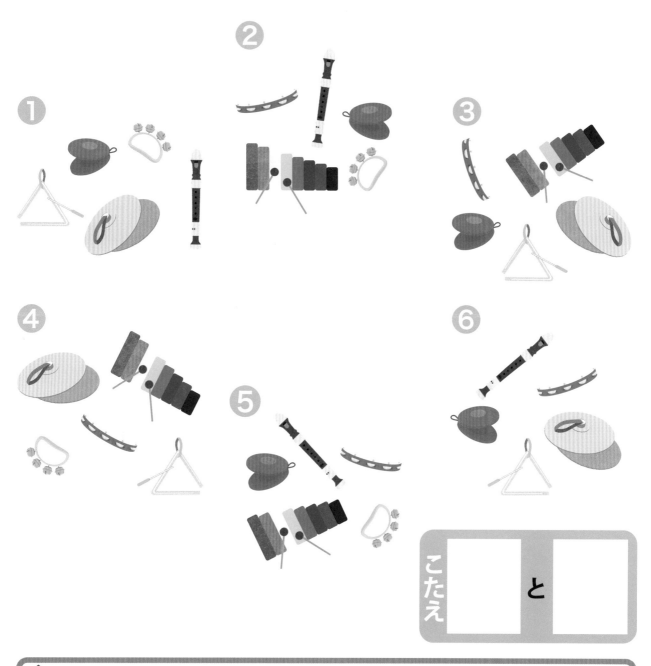

こたえ ☐ と ☐

🏠 **おうちの方へ**

種類が増え、どの楽器の数も同じぐらいになって、難度が上がっていますが、見慣れた楽器でもあり、数の多いもの（カスタネットとタンバリン）からチェックしていけば、難問というほどではないでしょう。[類題出題校：横浜国立大学教育学部附属横浜小学校など]

135

◆ ▟に　あてはまる　ものは　どれかな？

こたえ

🏠 おうちの方へ

左上の4枚を1つのユニットと考えるか、どの列も月と太陽とが順に並んでいることがわかれば、それほど難しくはないでしょう。感覚的に解いてしまうお子さんもいますが、それでもかまいません。［類題出題校：星野学園小学校など］

◆ ひとつしか ない カボチャは どれかな？

こたえ

🏠 おうちの方へ

　イラストはハロウィーンのカボチャがモチーフになっています。数が増えましたが、ヘタと口（歯）の違いはすぐに気づけるでしょう。色の違いに気づけば、すぐに正解にたどりつきます。[類題出題校：大阪教育大学附属池田小学校など]

◆ ほかと　ちがう　なかまの　いきものは
どれかな？

① イルカ

② セイウチ

③ シロクマ

④ サメ

こたえ

🏠 おうちの方へ

牙のあるセイウチや足が4本あるシロクマを選ぶお子さんも多いでしょう。「仲間が違う＝種類が異なる」ものを選ばせる出題者の意図を汲むのは難しいことですが、テストでは容赦なく誤答とされてしまうので、受験する場合はこういう出題にも慣れていきましょう。

◆ **うえと したの えで、おなじ かたちの ものどうしを せんで むすんでね。**

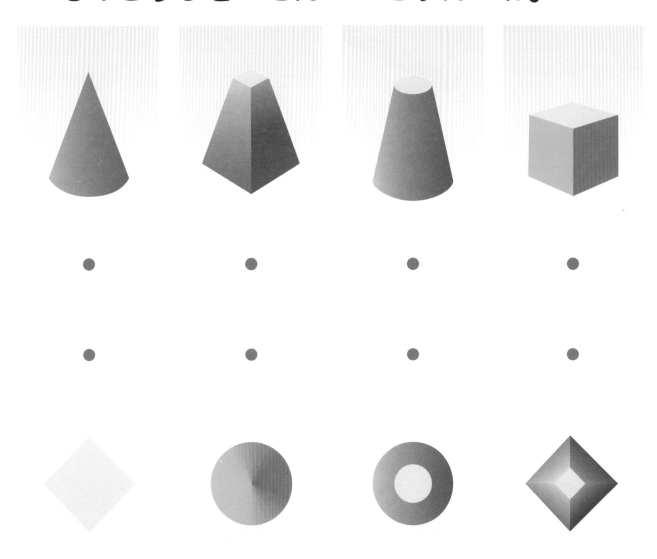

◆ えんぴつと おなじ かぞえかたを するものは どれかな？

えんぴつ

①

やきゅうぼう

②

ペットボトル

③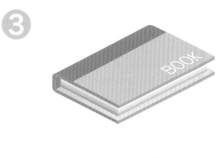

ほ ん

④

ジャム

こたえ

🏠 **おうちの方へ**
数詞に関する問題も、小学校入試で扱われることがあります。出題されるのは、生活に密着したものなので、普段から、なんでも「〜つ」「〜個」で代用せず、物によって使い分けておくとよいでしょう。［類題出題校：国府台女子学院小学部など］

◆ かがみと あおい ぼうを 2ほん つかって、
みほんの ような かたちを つくるためには、
どのように ならべたら いいかな?

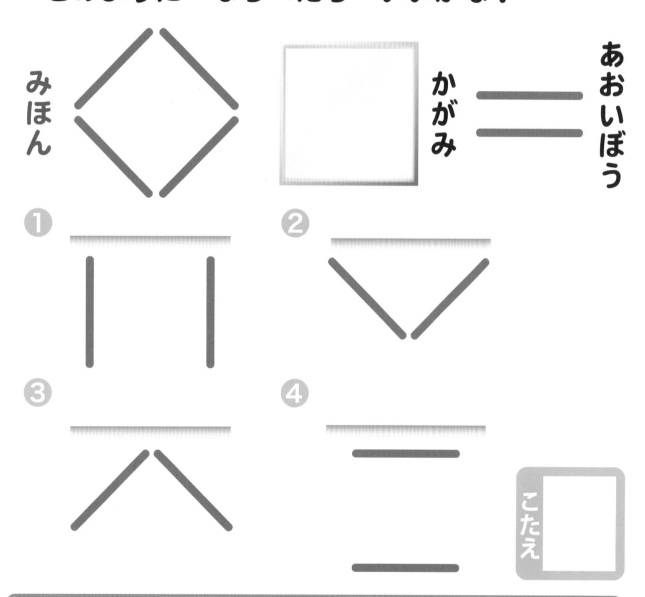

みほん

かがみ

あおいぼう

① ② ③ ④

こたえ

🏠 おうちの方へ

この問題は、決して難度が高いわけではないのですが、鏡像を頭の中にイメージするのは、大人でも苦手な人が少なくありません。日頃から、鏡に親しむことで、迷うことなく正答を選べるでしょう。[類題出題校：埼玉大学教育学部附属小学校・森村学園初等部など]

◆ ？に あてはまる ものは どれかな？

こたえ

🏠 **おうちの方へ**

トランプのスート（マーク）が順に並んでいます。トランプ遊びをしていればなじみのある図形のはずです。スペードを中心に線対称になっていると勘違いしなければ、問題なく正答できるでしょう。［類題出題校：サレジアン国際学園目黒星美小学校など］

CT-12 すいり

◆ うえにある　くろい　もようは　いろいろな
いきものの　あしあとだよ。どれが　どの
いきものの　ものか、ただしい　くみあわせに
なるように、せんで　むすんでね。おなじ
サイズに　してあるけど、もとの　おおきさと
ちがうので　ちゅういしよう。

 おうちの方へ

小学校の入試問題でときどきお目にかかる問題です。大人には常識でも、幼児の正答率は決して高くありません。図鑑などを見ながら、手や足の形がどうなっているか、一緒に確認しておくとよいでしょう。[類題出題校：雲雀丘学園小学校など]

◆ みほんの 2つの てんびんが つりあって いるなら、?に おいて したの てんびんが つりあう ものは どれかな？

みほん

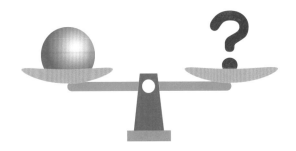

① ② ③ ④

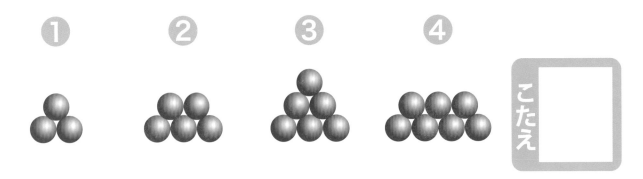

こたえ

🏠 **おうちの方へ**

感覚的にわかるお子さんもけっこういるのですが、混乱してしまうケースも少なくありません。論理的に考えて正答を導けるよう、適切なヒントを与えてあげましょう。[類題出題校：早稲田実業学校初等部・千葉大学教育学部附属小学校など]

◆ みかんを もった イヌと ネコと ネズミが、
それぞれ じぶんの みかんの はんぶんを、
やじるしの さきの あいてに あげたとき、
つぎの といに こたえてね。

A ネズミが もっている みかんの
かずは いくつに なったかな？
❶2こ ❷3こ ❸4こ ❹5こ

B もっている みかんが いちばん
おおく なったのは だれかな？
❶イヌ ❷ネコ ❸ネズミ

🏠 おうちの方へ

A ネズミの持っているみかんを数式で表すと、6－6÷2＋4÷2 となります。

B すべての動物の持っているみかんの数がわからないと、Bの問題には正解できません。

[類題出題校：宝仙学園小学校など]

◆ つぎの オノマトペ（うごきや ようすを おとで あらわす ことば）に あてはまる いきものは それぞれ どれかな？

ア ぱかぱか　　イ ぶんぶん　　ウ にょろにょろ

① ② ③

④ ⑤

ア	イ	ウ

🏠 **おうちの方へ**

　一般に、擬音語と擬態語を総称してオノマトペと言います。擬音語は人や動物、物などが発する音を表現し、擬態語は音がない雰囲気や状態を表現しています。ここでは、**ア**と**イ**が擬音語、**ウ**が擬態語です。［類題出題校：大阪教育大学附属池田小学校など］

◆ **おとうさんを　さがしている　こが、つぎの　ように　はなしています。**

▶ おとうさんは　ネクタイが　きらいです。

▶ おとうさんは　やせている　ほうです。

▶ おとうさんは　めがねを　かけていません。

▶ おとうさんは　ことしで　30さいです。

おとうさんは、したの　なかの　どれ　かな？

①  ②  ③

④  ⑤

こたえ

🏠 **おうちの方へ**

ヒントをよく読んで、該当する選択肢をひとつずつ減らしていけば、自動的に正解が残ります。実際の父親像と違うイラストが正解ということもしばしばあるので、自分のお父さんではないことを理解させましょう。[類題出題校：筑波大学附属小学校など]

147

こたえが あっていたら はなまるを なぞろう

◆ みほんの ように、なかを とおると かずや かたちが かわる トンネルが 2つ あるよ。 さんかっけいが りょうほうの トンネルを とおったら どうなるかな？

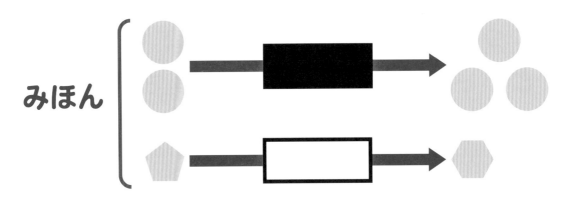

みほん

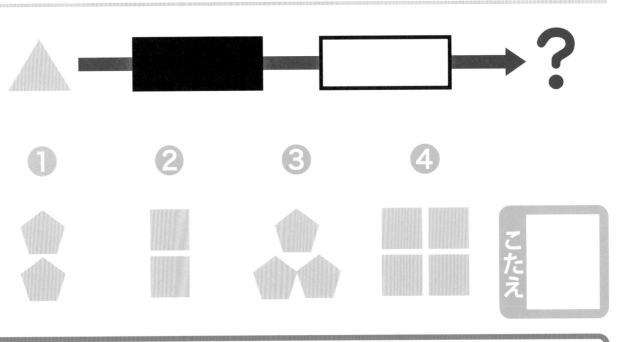

① ② ③ ④

こたえ

◆ 1メートルくらい はなれた テーブルの うえに 2つの コップが おいてあって、かたほうの コップには あつい おゆが、もう かたほうの コップには つめたい みずが はいっています。ちかづかないで、みずの はいった コップが、どちらかを しるには どうすれば よいでしょう。

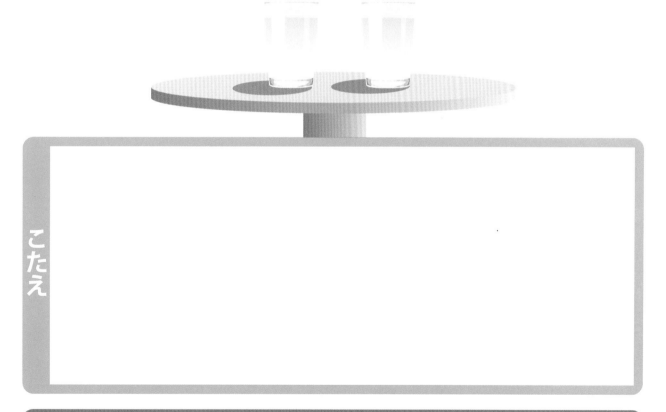

こたえ

🏠 **おうちの方へ**

熱いお湯か冷たい水か、離れたところにあって、触ることができないので、目で見ただけで判断しなければなりません。どうすればいいか、ヒントを出しながら、お子さんが自分で答えられるように導いてあげたいところです。時間制限はしなくてもよいでしょう。

CT-19
くうかん

1かいめ		2かいめ	
が つ	に ち	が つ	に ち

こたえが あっていたら はなまるを なぞろう

◆ ● を ばんごうじゅんに つないでいくと どれを あらわす ものが でるかな？

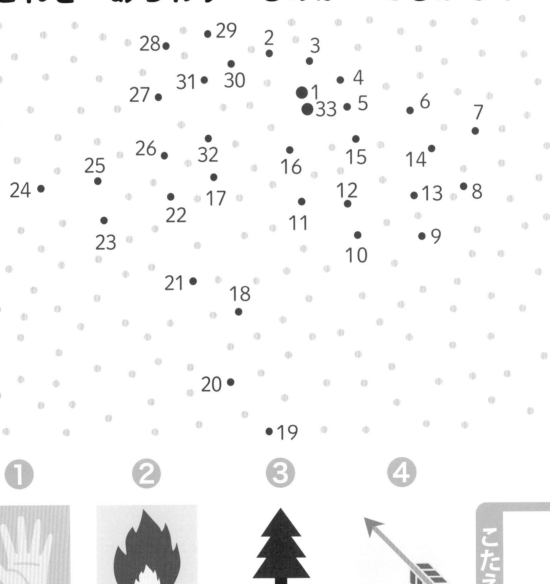

① ② ③ ④

こたえ

 おうちの方へ

レベル1のB-18（p.31）、レベル2のC-21（p.76）のように絵が出てくるかと思っていたら、文字が出てくる、というひとひねりした出題です。また、出てきた文字が何を表しているかを考える必要もあります。［類題出題校：立命館小学校など］

◆ 6ぽんの いろえんぴつが、したの 5つの
せつめいの とおりに ならんで いたら、
みどりは みぎから なんばんめかな?

▶あおは みずいろの となりに ある。

▶むらさきは いちばん みぎに ある。

▶みどりは きいろの となりに ある。

▶きいろは あかの みぎに ある。

▶あかと あおとの あいだに、
ほかの いろえんぴつが 2ほん ある。

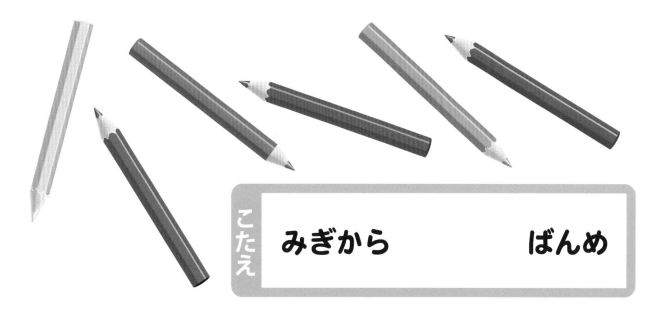

こたえ	みぎから　　　　　ばんめ

🏠 おうちの方へ

論理的に考えればわかる問題です。混乱してしまう場合は、色鉛筆や色紙などを使って、実際にやってみるとよいでしょう。また、答えが「右から○番目」となっているので、そこにも注意が必要です。[類題出題校：洛南高等学校附属小学校など]

CHALLENGE TEST こたえ CT-1〜20

CT-1 ③

ジュースのかずは8で、ハンバーガーが3なので、8−3＝5。5こたせばおなじかずになります。

CT-2 ②

ひだりがわはまっすぐなせんだけ。みぎがわにはまるいぶぶんがあります。

CT-3 ④

① 100と50と10が4まいで190えん
② 50と10が6まいで110えん
③ 50が3まいと10で160えん
④ 100が2まいで200えん

CT-4 ②と⑤

① カスタ・シンバル・すず・トライ・リコーダー
② カスタ・すず・タンバリン・もっきん・リコーダー
③ カスタ・シンバル・タンバリン・トライ・もっきん
④ シンバル・すず・タンバリン・トライ・もっきん
⑤ カスタ・すず・タンバリン・もっきん・リコーダー
⑥ カスタ・シンバル・タンバリン・トライ・リコーダー

※カスタネットをカスタ、トライアングルをトライとりゃくしてあります。

CT-5 ❷

つきとたいようがかわり
ばんこにならんでいるよ。

もとのえ▶

CT-6 ❽

したのえをさんこうにし
てね。

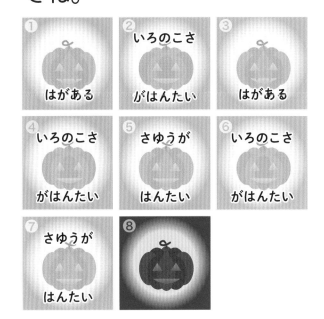

CT-7 ❹

❹のサメはさかなのなか
ま。❶のイルカはみずの
なかにいるけれど、どう
ぶつのなかまだよ。

CT-8　したのえをみてね。

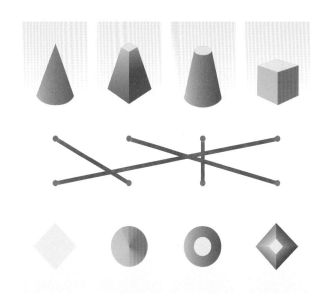

CT-9 ❷

❶は「１こ、２こ」
❸は「１さつ、２さつ」
❹は「１びん、２びん」
とかぞえるよ。

CT-10 ❷

したのえをさんこうにし
てね。

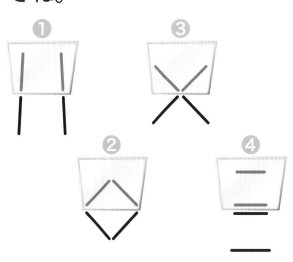

CT-11 ①

トランプのマークが、ひだりから♡〜♧〜◇〜♤のじゅんばんにならんでいるよ。

 = ●●●

● =

ですから、

● = 　　 = ●●●●●●

となります。

CT-12 したのえをみてね。

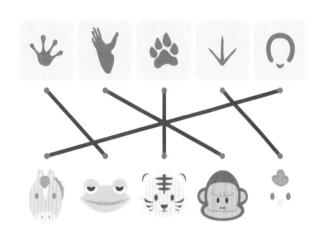

CT-13 ③

あおいボールがきいろいボール２こぶんのおもさ。きいろいボールが、あかいボール３こぶんのおもさだから、あかいボールが、いくつあれば、きいろいボール２こぶんのおもさになるかを、かんがえましょう。

CT-14 　**A** ④　　**B** ③

したのえをさんこうにしてね。

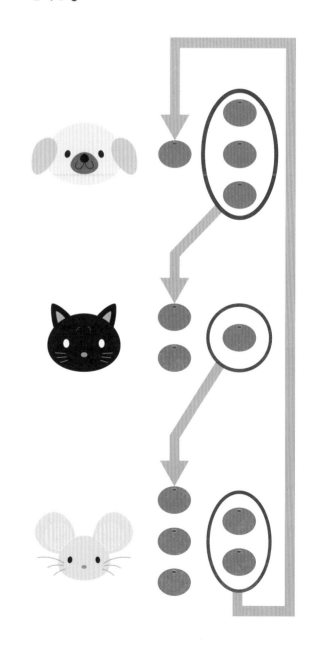

154

CT-15　ア❹　イ❶　ウ❷

「ぱかぱか」＝うまのひづめのおと。

「ぶんぶん」＝はちやあぶなど、ちいさなむしのはねのおと。

「にょろにょろ」＝へびなど、ながいいきものがうごくようす。

CT-16　❷

さいしょのヒントで、ネクタイをしめている❸がきえます。

つぎのヒントで、すこしふとった❹がきえます。

3ばんめのヒントで、めがねをかけている❶がきえます。

さいごのヒントで、おとしよりの❺がきえます。

ひとつだけのこった❷がせいかいです。

CT-17　❷

くろいトンネルをとおると、まるのかずが1つふえています。また、しろいトンネルをとおると、ごかっけいがろっかっけいになり、かどがひとつふえるとわかります。

ひとつのさんかっけいがりょうほうのトンネルをとおると、まず、かずがふえて2つになり、つぎに、かどがひとつふえるので、しかっけいが2つになります。

CT-18　こたえのれい

▷ゆげがでて、うえのほうがゆらゆらゆれてみえるのがおゆのコップ。

▷そとがわにすいてきがついているのがつめたいみずのコップ。もうひとつがおゆのコップ。

CT-19 ④

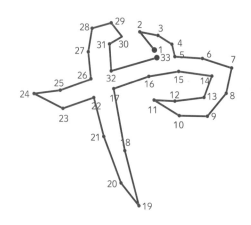

これまでのもんだいとは
ちがって、えではなくて、
ひらがなの「や」がでて
きます。

CT-20　みぎから4ばんめ

ならびかたは、うえのえ
のとおりです。

【付録】表彰状▶

　幼児にとって、達成感は、大人が感じる以上に重要な意味を持ちます。
　1冊のドリルに取り組み、途中で投げ出すことなく、最後までやり切ったという事実は、お子さまにとって、確かな手応えとなって残ります。
　また、近しい人がほめてあげることによって、途中で飽きたり、億劫になったりしても、最後までやることに意義があるのだと認識できるのです。

　この表彰状を使用して、お子さまの達成感をより意味のあるものにしてあげてください。

ひょうしょうじょう

おめでとう！ あなたが この
「幼児のＩＱドリル 増補
改訂版」を おしまいまで
きちんと やりとげたことを
ここに ひょうしょうします。
とても よく がんばりました。
これからも このちょうしで、
たのしく いろいろな ことに
ちょうせんしてください。

ねん　　　がつ　　　にち

おうてもんがくいんだいがく とくべつこもん
こだま みつお

おつかれさまでした─！

【著者紹介】

児玉 光雄（こだま・みつお）

1947年、兵庫県生まれ。追手門学院大学スポーツ研究センター特別顧問。前鹿屋体育大学教授。京都大学工学部卒。学生時代はテニスプレーヤーとして活躍し、全日本選手権にも出場。カリフォルニア大学ロサンゼルス校（UCLA）大学院にて工学修士号を取得。米国オリンピック委員会スポーツ科学部門本部の客員研究員として、オリンピック選手のデータ分析に従事。専門は臨床スポーツ心理学、体育方法学。能力開発にも造詣が深く、数多くの脳トレ本を執筆するだけでなく、これまで『進研ゼミ』（ベネッセコーポレーション）、『プレジデント』（プレジデント社）、『日経ビジネスAssocié』（日経BP社）など、多くの受験雑誌やビジネス誌に能力開発に関するコラムを執筆。これらのテーマで、大手上場企業を中心に、年間70〜80回のペースで講演活動をしている。著書は、ベストセラーになっている『勉強の技術』（サイエンス・アイ新書）をはじめ、『わかりやすい記憶力の鍛え方　脳を活性化させる習慣とテクニック』『逆境を突破する技術　「折れない心」を科学的に習得する極意』（同）など150冊以上、累計250万部にのぼる。日本スポーツ心理学会会員、日本体育学会会員。

1日1問！繰り返して地頭が良くなる
幼児のIQドリル　増補改訂版

2024年4月1日　初版発行

著　者／児玉　光雄

発行者／山下　直久

発　行／株式会社KADOKAWA

〒102-8177　東京都千代田区富士見2-13-3

電話 0570-002-301（ナビダイヤル）

印刷所／図書印刷株式会社

製本所／図書印刷株式会社

●お問い合わせ

https://www.kadokawa.co.jp/（「お問い合わせ」へお進みください）

※内容によっては、お答えできない場合があります。

※サポートは日本国内のみとさせていただきます。

※Japanese text only

定価はカバーに表示してあります。